Workbook/ Laboratory Manual

¿CÓMO SE DICE...?

SIXTH EDITION

Ana C. Jarvis
CHANDLER-GILBERT COMMUNITY COLLEGE

Raquel Lebredo
CALIFORNIA BAPTIST UNIVERSITY

Houghton Mifflin Company   Boston   New York

Director, Modern Language Programs: E. Kristina Baer
Senior Development Editor: Sharon Alexander
Senior Manufacturing Coordinator: Sally Culler
Marketing Manager: Elaine Uzan Leary

Printed in the U.S.A.

ISBN: 0–395–85794–5

789-HS–01 00

Contents

Preface

The *Workbook/Laboratory Manual* is a fully integrated component of ¿Cómo se dice...?, Sixth Edition, a complete introductory Spanish program for the college level. As in previous editions, the *Workbook/Laboratory Manual* reinforces the grammar and vocabulary presented in the ¿Cómo se dice...? core text and helps students to develop their listening, speaking, reading, and writing skills.

The lessons in the *Workbook/Laboratory Manual* are correlated to the student text. Workbook and Laboratory Activities are provided for the *Lección preliminar* and for the eighteen regular textbook lessons. To use this key component of the ¿Cómo se dice...? program to best advantage, it is important that students fully understand its organization and contents.

New to the Sixth Edition

Substantially revised for the Sixth Edition of ¿Cómo se dice...?, the *Workbook/Laboratory Manual*

- reflects the revised scope and sequence of the core text.

- contains three new readings in the *Para leer* section (Lessons 6, 10, and 13).

- provides an explanation and practice of accentuation (Preliminary Lesson).

- includes review exercises that integrate all stem-changing verbs (Lesson 6), personal pronouns (Lesson 9), command forms (Lesson 14), and the indicative tenses (Lesson 16).

- offers more personalized questions and other types of open-ended activities in the *Check Your Progress* section.

Workbook Activities

The Workbook Activities are designed to reinforce the grammar and vocabulary introduced in the textbook and to develop students' writing skills. They include sentence completion, sentence transformation, fill-in charts, dehydrated sentences, answering questions, translation exercises, crossword puzzles, and illustration-based exercises.

Each odd-numbered Workbook lesson ends with a section entitled *Para leer,* consisting of a reading that re-enters the vocabulary and grammar of the textbook lesson and follow-up questions to test reading comprehension. The *Check Your Progress* section provides a comprehensive review of key vocabulary and structures after every two lessons, and every even-numbered lesson includes a composition topic.

Laboratory Activities and Cassette Program

The Laboratory Activities accompany the *Cassette Program* for ¿Cómo se dice...?, Sixth Edition, which provides approximately nineteen hours of taped exercises recorded by native speakers. The Laboratory Activities include listening, speaking, and writing practice for each lesson under the following headings:

Para escuchar y contestar

Diálogos: The lesson dialogues recorded once at natural speed and once with pauses for student repetition.

Preguntas y respuestas: Questions on the content of the dialogues that verify comprehension and provide oral practice.

Situaciones: An open-ended listening and speaking activity that elicits responses appropriate to situations related topically and structurally to each lesson.

Pronunciación

Pronunciation activities that parallel the pronunciation sections in Lessons 1–9 of the textbook and provide ongoing practice in subsequent lessons.

¡Vamos a practicar!

A set of three to six exercises that provide listening and speaking practice and test mastery of the grammar topics introduced in each lesson. Models for these exercises are printed in the Laboratory Activities.

Ejercicio de comprensión

Lively, contextualized conversations that are related to each lesson's theme and are followed by comprehension questions.

Para escuchar y contestar

Tome nota: A listening exercise in which students write information based on what they hear in taped listening passages containing realistic simulations of radio advertisements, announcements, newscasts, and other types of authentic input.

Dictado: A dictation that reinforces the lesson theme and grammar structures.

In addition to the materials provided for each lesson, the *Cassette Program* contains two *Repaso* sections (one covering Lessons 1–9, the other Lessons 10–18) that are a cumulative review of grammar and vocabulary.

An Answer Key to the written exercises with discrete answers in each lesson is provided at the back of the *Workbook/Laboratory Manual,* enabling students to monitor their progress throughout the program. The *Check Your Progress* Answer Key appears in the *Instructor's Resource Manual* for the convenience of instructors who wish to use those sections as an evaluation tool.

The *Workbook/Laboratory Manual,* an important part of the ¿Cómo se dice...?, Sixth Edition, program, is designed to reinforce the associations of sound, syntax, and meaning needed for effective communication in Spanish. Students who use the *Workbook/Laboratory Manual* and the *Cassette Program* consistently will find these components of great assistance in assessing their achievements and in targeting the specific lesson features that require extra review. The *Cassette Program* is available for student purchase.

We would like to hear your comments on ¿Cómo se dice...?, Sixth Edition, and on this *Workbook/Laboratory Manual.* Reports of your experiences using this program would be of great interest and value to us. Please write to us care of Houghton Mifflin Company, Modern Languages, College Division, 222 Berkeley Street, Boston, Massachusetts 02116–3764.

Ana C. Jarvis
Raquel Lebredo

LECCIÓN PRELIMINAR

WORKBOOK
ACTIVITIES

Name _Michael Carpenter_

Section _____

Date _4/20/01_

A. Complete the following exchanges.

1. —Buenos días, señora.

   —_Buenos días_, Estela.

   —¿Cómo _ESTAS, USTED_?

   —_Bien_, gracias. ¿Y tú?

   —_No muy Bien_.

   —¡Caramba! ¡Lo _SIENTO_!

   —Hasta _MANANA_.

   —Adiós.

2. —¿_Como ESTAS_, señorita?   _Como SE llamma, USTED_

   —_BIEN_ Olga Carreras.   _mayomo_

3. —¿Qué hay de _NUEVO_, Paco?

   —_NADA_.

4. —¡Hola, Pablo! ¿Qué _tAL_?

   —Bien, ¿_Et tu_?

   —Bien, _GRACIAS_.

B. What would you say in the following situations? Write appropriate expressions in Spanish.

1. You greet Miss Rojas in the afternoon.

   ¿HolA, Como ESTA, usten Senorita Rojas

Lección preliminar Workbook Activities   **1**

2. You say "see you tomorrow" to Dr. Alicia Ríos.

Hast mannana Docturo Rios

3. You greet Yolanda in the evening and ask her what's new.

Hola, Senorita Yolanda, ¿Que tal?

4. You say good-bye to Rafael, and tell him to say hello to Rita.

Adios Rafael, Saludos a Rita

C. Write the following numbers in Spanish.

1. 23 _Vientitres_
2. 8 _Ocho_
3. 17 _diecisiete_
4. 11 _once_
5. 26 _Vientiseis_
6. 5 _cinco_
7. 19 _____
8. 0 _cero_

9. 21 _Vienterno_
10. 12 _____
11. 10 _diaz_
12. 30 _truenta_
13. 15 _Quince_
14. 4 _Quatro_
15. 14 _____

D. What colors would result if you mixed the following colors?

1. amarillo y azul _Green / Verde_
2. blanco y negro _Gray / Gris_
3. rojo y blanco _pink / Rosado_
4. amarillo y rojo _Orange / Amaranjado_

E. Write the days of the week in the calendar below. Remember that in Spanish-speaking countries, the week starts on Monday.

SEPTIEMBRE

Lunes	Martes	miercoles	Juaves	Virzves	Sabado	Domingo
		1	2	3	4	5
6	7	8	9	10	11	12

F. Keeping in mind that the seasons are reversed in the Southern Hemisphere, write the months that correspond to the following seasons in Argentina.

1. invierno: _____*Julio*_____ , _____*Augosto*_____ , _____*ENERO*_____

2. primavera: _____*April*_____ , _____*Mayo*_____ , _____*Junio*_____

3. otoño: _____ , _____*Novembre*_____ , _____*Decembre*_____

4. verano: _____ , _____ , _____

Accentuation

In Spanish, all words are stressed according to specific rules. Words that do not follow the rules must have a written accent to indicate the change of stress. The basic rules for accentuation are as follows.

- Words ending in a vowel, **n,** or **s** are stressed on the next-to-last syllable.

  hi-jo   ca-lle   me-sa   fa-**mo**-sos
  flo-**re**-cen   **pla**-ya   **ve**-ces

- Words ending in a consonant, except **n** or **s,** are stressed on the last syllable.

  ma-**yor**   a-**mor**   tro-pi-**cal**   na-**riz**   re-**loj**   co-rre-**dor**

- All words that do not follow these rules must have the written accent.

  ca-**fé**   **lá**-piz   **mú**-sica   sa-**lón**
  án-gel   **lí**-qui-do   fran-**cés**   **Víc**-tor
  sim-**pá**-ti-co   rin-**cón**   a-**zú**-car   de-**mó**-cra-ta
  sa-**lió**   **dé**-bil   e-**xá**-me-nes

- Pronouns and adverbs of interrogation and exclamation have a written accent to distinguish them from relative pronouns.

  ¿Qué comes?   *What are you eating?*
  La pera que él no comió.   *The pear that he did not eat.*

  ¿Quién está ahí?   *Who is there?*
  El hombre a quien tú llamaste.   *The man whom you called.*

  ¿Dónde está él?   *Where is he?*
  En el lugar donde trabaja.   *At the place where he works.*

- Words that have the same spelling but different meanings take a written accent to differentiate one from the other.

  el   *the*   él   *he, him*   te   *you*   té   *tea*
  mi   *my*   mí   *me*   si   *if*   sí   *yes*
  tu   *your*   tú   *you*   mas   *but*   más   *more*

Lección preliminar Workbook Activities **3**

A. Add written accent marks to the following words as needed. The stressed syllable in each word is underlined.

1. a<u>dios</u>
2. <u>gra</u>cias
3. <u>Go</u>mez
4. A<u>man</u>da
5. Jo<u>se</u>
6. profe<u>sor</u>
7. ¿<u>Co</u>mo es<u>tas</u>?
8. e<u>xa</u>men
9. <u>mar</u>mol
10. <u>pa</u>gina
11. televi<u>sion</u>
12. pa<u>pel</u>
13. <u>ar</u>bol
14. <u>la</u>piz
15. fe<u>liz</u>
16. tra<u>ba</u>jas
17. <u>ma</u>ma
18. ha<u>blo</u>
19. ¿<u>Que</u> tal?
20. e<u>xa</u>men

B. Add written accent marks to the following words as needed.

1. tu *(you)*
2. el *(the)*
3. si *(yes)*
4. tu *(your)*
5. el *(he)*
6. si *(if)*

LECCIÓN PRELIMINAR

LABORATORY

ACTIVITIES

Name _____

Section _____

Date _____

I. PARA ESCUCHAR Y CONTESTAR *(TO LISTEN AND ANSWER)*

Diálogos: *Saludos y despedidas*

En la universidad

The dialogues will be read first without pauses. Pay close attention to the speakers' intonation and pronunciation.

—Buenos días, profesora.
—Buenos días, señorita. ¿Cómo se llama usted?
—Me llamo María Teresa Rojas.

—Buenas tardes, doctor Vega.
—Buenas tardes, señora. ¿Cómo está usted?
—Muy bien, gracias. ¿Y usted?
—Bien, gracias.

—Buenas noches, señor Acosta.
—Buenas noches, Ana María. ¿Qué tal?
—Bien, ¿y usted?
—No muy bien...
—¡Caramba! ¡Lo siento!

En el club

—Hola, Juan Carlos.
—Hola, Silvia. ¿Cómo estás?
—Bien, ¿y tú?
—Bien, gracias.
—¿Qué hay de nuevo?
—Nada.
—Hasta luego.
—Adiós.

—Hasta mañana, Mirta.
—Hasta mañana, Daniel. Saludos a Roberto.

—Chau, Tito.
—Chau. Nos vemos el lunes.

Now the dialogues will be read with pauses for you to repeat what you hear. Imitate the speakers' intonation patterns.

Situaciones *(Situations)*

The speaker will present several situations based on the dialogue. Respond appropriately in Spanish to each situation. The speaker will confirm your response. Repeat the correct response. Follow the model.

> MODELO: You greet Mr. Soto in the morning.
> **Buenos días, señor Soto.**

II. PRONUNCIACIÓN *(PRONUNCIATION)*

When you hear the number, read the corresponding word or phrase aloud. Then listen to the speaker and repeat the word or phrase.

1. el doctor
2. el profesor
3. el señor
4. la señora
5. la señorita
6. adiós
7. buenas noches
8. buenas tardes
9. buenos días
10. hasta luego
11. hasta mañana
12. hola
13. caramba
14. gracias
15. lo siento
16. ¿Cómo se llama usted?
17. ¿Cómo está usted?
18. ¿Qué tal?
19. ¿Qué hay de nuevo?
20. Saludos a José.

III. ¡VAMOS A PRACTICAR! *(LET'S PRACTICE!)*

A. When you hear the number, spell the corresponding word aloud. Then listen to the speaker and spell the word once more. Follow the model.

> MODELO: hola
> **hache, o, ele, a**

1. doctor
2. Gómez
3. señorita
4. profesor
5. hay
6. buenas
7. noches
8. qué

B. The speaker will name several familiar objects. State the color or colors of each object in Spanish. The speaker will confirm your response. Repeat the correct response. Follow the model.

> MODELO: a violet
> **morado**

C. The speaker will name days of the week. State the day that precedes each day given. The speaker will confirm your response. Repeat the correct response. Follow the model.

> MODELO: martes
> **lunes**

D. The speaker will name a month. Give the month that follows. The speaker will confirm your response. Repeat the correct response. Follow the model.

> MODELO: noviembre
> **diciembre**

IV. EJERCICIO DE COMPRENSIÓN *(COMPREHENSION EXERCISE)*

You will hear two people talking. After you hear the second speaker, circle L if the response is logical and I if it is illogical. The speaker will confirm your response. Follow the model.

> MODELO: —¿Qué tal?
> —¡Caramba! ¡Lo siento!   (illogical)

1. L   I   5. L   I
2. L   I   6. L   I
3. L   I   7. L   I
4. L   I

V. PARA ESCUCHAR Y ESCRIBIR *(TO LISTEN AND WRITE)*

Dictado

A. The speaker will read some numbers. Write each numeral in the space provided. Each number will be read twice.

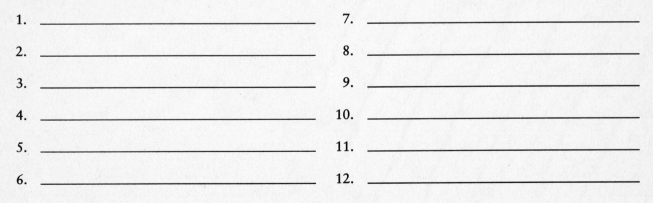

1. _____   7. _____

2. _____   8. _____

3. _____   9. _____

4. _____   10. _____

5. _____   11. _____

6. _____   12. _____

Lección preliminar Laboratory Activities **7**

B. The speaker will read eight sentences or phrases. Each one will be read twice. After the first reading, write what you heard. After the second reading, check your work and fill in what you missed.

1. _____

2. _____

3. _____

4. _____

5. _____

6. _____

7. _____

8. _____

LECCIÓN 1

WORKBOOK

ACTIVITIES

Name _____

Section _____

Date _____

A. Write the corresponding definite and indefinite articles before each noun.

Definite article	*Indefinite article*	*Noun*
1. _____	unA Libro	libros *(book)*
2. La tiza	unA tiza	tiza *(chalk)*
3. La pizarras	una pizarras	pizarras *(chalkboard)*
✱ 4. La mapas	una mapas	mapas MAP
5. _____	un pupitre	pupitre DESK
6. La profesora	una profesora	profesora professor
✱ 7. La dia	una dia	día day
8. El Los Reloj	un Reloj	reloj clock
9. La sillas	unos sillas	sillas Chairs
10. Las el profesores	unos profesores	profesores profesors
✱ 11. La el mano	uno mano	mano hand
12. El secretario	una secretario	secretario SECRETARY
13. Los mujeres	unas mujer	mujeres woman
14. El doctoro	un doctor	doctor Doctor
15. Los el hombres	unos hombre	hombres MAN

B. It's inventory time. In Spanish, write how many there are of each item using hay. *(there is, there are)*

1. 44 erasers: hay cuarenta y cuatro borradores

2. 98 pencils: hay noventa la lapiz lo cuaderno

3. 75 notebooks: hay setenta cinco cuadernos

4. 100 pens: hay cien la plumas

5. 53 maps: _Hay cincuentas y tres mapas_

6. 82 chairs: _Hay ochenta dos sillas_

7. 66 books: _Hay sesenta seis libros_

8. 43 blackboards: _Hay cuarenta y tres pizarros_

9. 38 clocks: _Hay truenta y ocho relojes_

10. 96 student desks: _Hay noventa y ses mesa escritorios_

C. Complete the following sentences with Spanish subject pronouns.

MODELO: You refer to your teachers as . . .
You refer to your teachers as _ellos_.

1. You speak to your best friend and call him _El es tu_.

2. You refer to María as _Ella_.

3. You address your teacher as _Tu eres usted_.

4. You refer to your friends as _Nosotros somos ellas_.

5. You refer to your parents and yourself as _Nosotros somos_.

6. Anita and María refer to themselves as _Nosotros somos_.

7. You refer to Mr. García as _El_.

8. You speak to your classmates as a group and call them _ud es ustedes_.

D. Give the plural of the following subject pronouns.

1. yo _____ 3. ella _____

2. usted _____ 4. él _____

E. Complete the following dialogue, using the present indicative of the verb **ser**.

1. —Carlos y yo _____ de México. Carlos _____ estudiante y

yo _____ profesora. ¿De dónde _____ tú?

2. —Yo _____ de Guatemala.

3. —¿Ernesto y Javier _____ de Guatemala también (also)?

4. —No, ellos _____ de Venezuela.

F. Complete the following chart to express the times given.

English	es/son	la/las	hora	y/menos	minutos
It is one o'clock.	Es	la	una.	y	RELOj
It is a quarter after four.	Son	las	cuatro	y	cuarto.
1. It is ten to seven.				menos	diez.
2. It is twenty after six.	SON	las	~~BEINTA~~ SEIS		~~SIES BEINTA~~
3. It is one-thirty.	ES	LA	UNA	y	media.
4. It is five to ten.	SON	LAS	diez	MENOS	cinco
5. It is quarter to two.	Son	LAS	dos	menos	Quatro
6. It is twenty-five to eight.	Son	LAS	ocho	MENOS	Beinto Cinco
7. It is nine o'clock.	Son	LAS	NUEVA	En	Punto

G. Look at this class schedule and write the time and days of the week each class is held. Follow the model.

MODELO: educación física
La clase de educación física es los martes y jueves a las cinco.

HORA	LUNES	MARTES	MIÉRCOLES	JUEVES	VIERNES	SÁBADO
8:00-9:00	Psicología		Psicología		Psicología	
9:00-10:00	Biología		Biología		Biología	Tenis
10:00-11:30		Historia		Historia		
12:15-1:00			ALMUERZO			
1:00-2:00	Literatura		Literatura		Literatura	Laboratorio de Biología
5:00-6:30		Educación Física		Educación Física		
7:00-8:30	Danza Aeróbica		Danza Aeróbica			

1. psicología _Monday, WED, Friday — 8:00 to 9:00_

2. biología _monday, Wed, Friday — 9:00 to 10:00 Lab SAT 1:00 - 2:00_

3. historia _Tues + Thurs — 10:00 - 11:30_

4. literatura _mon + WED + Friday - 1:00 - 2:00_

5. danza aeróbica _monday + WED 7:00 - 8:30_

Lección 1 Workbook Activities   **11**

H. ¿Cómo se dice...? Write the following dialogues in Spanish.

1. "What is your name?" (tú *form*)
    "My name is Carlos Vázquez."
    "Pleased to meet you, Carlos."
    "The pleasure is mine."

    _____

    _____

    _____

    _____

2. "What does 'pizarra' mean?"
    "It means 'blackboard'."

    _____

    _____

3. "What time is it?"
    "It's twenty to five."
    "What time is the class?"
    "It's at five-thirty."

    _____

    _____

    _____

    _____

4. "Excuse me, Dr. López."
   "Come in and have a seat."
   "Thank you."

   _____

   _____

   _____

5. "How many students are there in the class?"
   "There are forty-six students."

   _____

   _____

6. "Where are you from, Anita?"
   "I am from Ecuador. Where are you from?"
   "We are from Chile."

   _____

   _____

   _____

Lección 1 Workbook Activities   **13**

I. Crucigrama

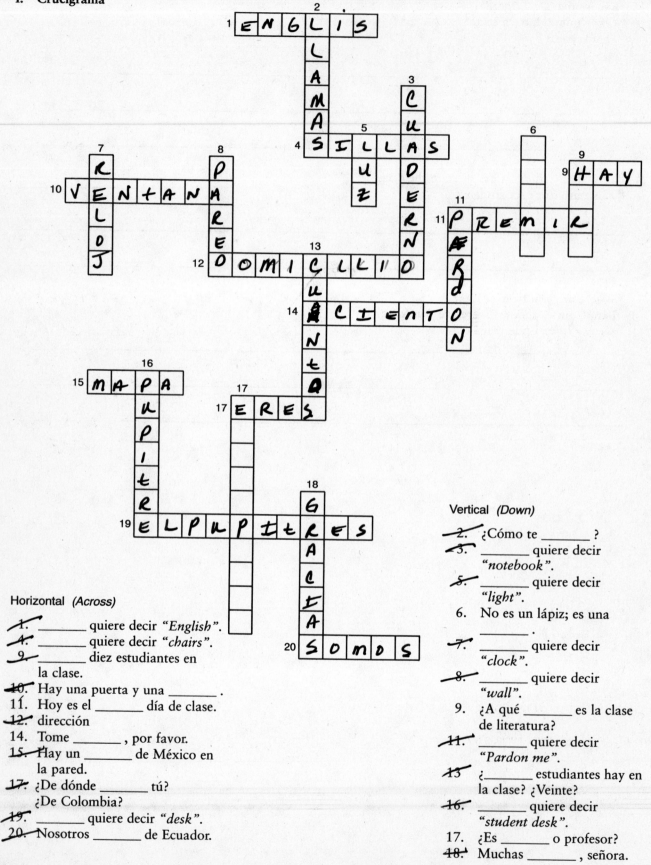

Horizontal (Across)

1. _____ quiere decir *"English"*.
4. _____ quiere decir *"chairs"*.
9. _____ diez estudiantes en la clase.
10. Hay una puerta y una _____ .
11. Hoy es el _____ día de clase.
12. dirección
14. Tome _____ , por favor.
15. Hay un _____ de México en la pared.
17. ¿De dónde _____ tú? ¿De Colombia?
19. _____ quiere decir *"desk"*.
20. Nosotros _____ de Ecuador.

Vertical (Down)

2. ¿Cómo te _____ ?
3. _____ quiere decir *"notebook"*.
5. _____ quiere decir *"light"*.
6. No es un lápiz; es una _____ .
7. _____ quiere decir *"clock"*.
8. _____ quiere decir *"wall"*.
9. ¿A qué _____ es la clase de literatura?
11. _____ quiere decir *"Pardon me"*.
13. ¿_____ estudiantes hay en la clase? ¿Veinte?
16. _____ quiere decir *"student desk"*.
17. ¿Es _____ o profesor?
18. Muchas _____ , señora.

J. **¿Qué pasa aquí?** *(What's happening here?)* Look at the illustration and circle V for **verdadero** (true) or F for **falso** (false) in response to the following statements.

1. Es una clase de matemáticas. V (F)

2. El profesor Rojas es profesor de historia. (V) F

3. Hay quince estudiantes en la clase. (V) F

4. Hay diez pupitres. (V) F

5. Hay un reloj en la pared. (V) F

6. La clase de historia es a las dos. V (F)

7. Son las doce y cinco. (V) ~~F~~

8. Hay una ventana en la clase. V (F)

9. Hay una puerta en la clase. (V) F

10. Hay un mapa de México en la clase. V (F)

11. Hay un libro en el escritorio. (V) F

12. Hay cuatro lápices en el escritorio. V (F)

Lección 1 Workbook Activities **15**

Lección 1

LABORATORY ACTIVITIES

Name _____

Section _____

Date _____

I. PARA ESCUCHAR Y CONTESTAR

Diálogos: *El primer día de clase*

SRTA. ALBA —Con permiso. Buenos días, profesor.
PROFESOR —Buenos días. Pase y tome asiento.
SRTA. ALBA —Muchas gracias.
PROFESOR —Señorita Alba, el doctor Díaz.
SRTA. ALBA —Mucho gusto, doctor Díaz.
DR. DÍAZ —El gusto es mío, señorita Alba.
SRTA. ALBA —¡Perdón!, profesor, ¿qué hora es?
PROFESOR —Son las dos y media.
SRTA. ALBA —¿A qué hora es la clase hoy?
PROFESOR —Es a las tres.

MARIO —¿De dónde son Uds.?
RAÚL —Nosotros somos de Ecuador. Tú eres de México, ¿verdad?
MARIO —Sí. Oye, ¿cuántos estudiantes hay en la clase?
RAÚL —Hay cuarenta estudiantes.
LUIS —¿Cuál es tu dirección, Mario?
MARIO —Calle Magnolia, número 98.

ESTUDIANTE —Profesor, ¿cómo se dice "de nada" en inglés?
PROFESOR —Se dice *"You're welcome"*.
ESTUDIANTE —¿Qué quiere decir *"please"*?
PROFESOR —Quiere decir "por favor".

LAURA —Hola. Me llamo Laura Vargas. ¿Cómo te llamas tú?
SILVIA —Me llamo Silvia Cruz.
LAURA —¿De dónde eres, Silvia?
SILVIA —Yo soy de Costa Rica, ¿y tú?
LAURA —Soy de Chile.
SILVIA —Adiós, Laura.
LAURA —Hasta la vista, Silvia.

Preguntas y respuestas (Questions and Answers)

You will now hear questions about the dialogues. Answer each one, omitting the subject. The speaker will confirm your response. Repeat the correct response.

Situaciones

The speaker will present several situations based on the dialogues. Respond appropriately in Spanish to each situation. The speaker will confirm your response. Follow the model.

> MODELO: You ask how to say "chair" in Spanish.
> ¿Cómo se dice *"chair"* en español?

II. PRONUNCIACIÓN

A. The sound of the Spanish **a**

- Repeat the words in each pair after the speakers, imitating their pronunciation.

English	Spanish
alpaca	alpaca
banana	banana
cargo	cargo
canal	canal

- Repeat each word, imitating the speaker's pronunciation.

Ana	hora	Rosa
nada	día	vista
gracias	hasta	asiento

- When you hear the number, read the corresponding sentence aloud. Then listen to the speaker and repeat the sentence.

1. Hasta mañana, Ana.
2. La mamá trabaja.
3. Panamá gana fama.

B. The sound of the Spanish **e**

- Repeat the words in each pair after the speakers, imitating their pronunciation.

English	Spanish
mesa	mesa
preposition	preposición
adobe	adobe
Los Angeles	Los Ángeles

- Repeat each word, imitating the speaker's pronunciation exactly.

qué	calle	oye
usted	tome	pase
media	Pedro	dice

- When you hear the number, read the corresponding sentence aloud. Then listen to the speaker and repeat the sentence.

1. Te besé y te dejé.
2. Mereces que te peguen.
3. Pepe y Mercedes beben café.

III. ¡VAMOS A PRACTICAR!

A. You will hear several singular nouns, each preceded by a definite or an indefinite article. Make the nouns and the articles plural. The speaker will confirm your response. Repeat the correct response. Follow the model.

> MODELO: El alumno
> **Los alumnos**

B. Imagine that you are doing an inventory of classroom supplies. When you hear the speaker name an item in English, ask in Spanish how many there are. When you hear the speaker give a number, answer the question. The speaker will verify your response. Repeat the correct response. Follow the model.

> MODELO: chairs   —**¿Cuántas sillas hay?**
> cuarenta   —**Hay cuarenta sillas.**

C. Your friend's watch is always running ten minutes behind. Correct him when he says what time it is. The speaker will confirm your response. Repeat the correct response.

> MODELO: Son las seis.
> **No, son las seis y diez.**

IV. EJERCICIO DE COMPRENSIÓN

You will hear two people talking. After you hear the second speaker, circle L if the response is logical and I if it is illogical. The speaker will confirm your response. Follow the model.

> MODELO: —Muchas gracias.
> —**Perdón.**   (illogical)

1.	L	I	6.	L	I
2.	L	I	7.	L	I
3.	L	I	8.	L	I
4.	L	I	9.	L	I
5.	L	I	10.	L	I

Lección 1 Laboratory Activities   **19**

V. PARA ESCUCHAR Y ESCRIBIR

Tome nota *(Take Note)*

You will hear two people talking. First listen carefully for general comprehension. Then, as you listen for a second time, fill in the information requested.

Nombre del profesor	_____
Nombre del estudiante	_____
Día	_____
Hora	_____
Número de estudiantes	_____

Dictado

A. The speaker will read some numbers. Write each one in the space provided. Each number will be read twice.

1. _____   6. _____

2. _____   7. _____

3. _____   8. _____

4. _____   9. _____

5. _____   10. _____

B. The speaker will read six sentences. Each sentence will be read twice. After the first reading, write what you heard. After the second reading, check your work and fill in what you missed.

1. _____

2. _____

3. _____

4. _____

5. _____

6. _____

LECCIÓN 2
WORKBOOK
ACTIVITIES

Name _____

Section _____

Date _____

A. Match each verb with its corresponding subject pronoun.

1. estudiamos   a. yo

2. necesitas   b. ustedes

3. trabajan   c. nosotros

4. hablo   d. ella

5. regresa   e. tú

B. Complete the following sentences with the correct present indicative forms of the following verbs.

trabajar   hablar   necesitar   estudiar   llamar   desear

1. Uds. _____ dinero.

2. María y Juan _____ estudiar la lección.

3. Raquel y yo _____ alemán y ruso.

4. Yo _____ más tarde.

5. Tú _____ en el hospital mañana.

6. Teresa _____ inglés en la universidad.

C. Supply **el, la, los,** or **las** as needed according to gender and number.

1. _____ problemas   6. _____ idiomas

2. _____ sociedad   7. _____ lecciones

3. _____ teléfonos   8. _____ ciudad

4. _____ días   9. _____ clima

5. _____ programa   10. _____ borradores

11. _____ conversación   16. _____ universidad

12. _____ certidumbre   17. _____ sistema

13. _____ hospitales   18. _____ paredes

14. _____ manos   19. _____ televisión

15. _____ libertad   20. _____ poemas

D. Form questions from the following sentences, placing the subject after the verb. Then answer each question in the negative.

1. Ella trabaja en el hospital.

_____

_____

2. Los estudiantes hablan español.

_____

_____

3. Ellos necesitan estudiar la lección dos.

_____

_____

E. Form sentences with the elements given. Follow the model.

    MODELO: Mario / novia / trabajar / hospital
                   La novia de Mario trabaja en el hospital.

1. la señora Gómez / amiga / estudiar / español

_____

2. Ana / novio / ser / Ecuador

_____

3. Rosa / amigos / regresar / más tarde

_____

4. profesora Soto / estudiantes / trabajar / biblioteca

_____

5. Raquel / novio / desear / hablar / con / profesora / Rosa

_____

F. Complete the following sentences with the appropriate possessive adjectives or clarifying forms. Make sure each possessive adjective agrees with its subject.

    MODELO: Yo compro *(buy)* un libro.
                  Es mi libro.

1. Nosotros compramos una casa. Es _____ casa.

2. Ella compra dos lápices. Son _____ lápices. (Son _____ lápices _____ _____ .)

3. Tú compras un escritorio. Es _____ escritorio.

4. Nosotros compramos tres libros. Son _____ libros.

5. Ellos compran un mapa. Es _____ mapa. (Es _____ mapa _____ _____ .)

6. Yo compro dos plumas. Son _____ plumas.

7. Uds. compran una casa. Es _____ casa. (Es _____ casa _____ _____ .)

8. Ud. compra una pizarra. Es _____ pizarra. (Es _____ pizarra _____ _____ .)

G. Answer the following questions with complete sentences, using the cues provided and the appropriate possessive adjectives. Follow the model.

    MODELO: —¿Dónde trabaja la amiga de él? (en el hospital)
                —Su amiga trabaja en el hospital.

1. ¿De dónde son tus amigos? (de Venezuela)

_____

2. ¿De dónde es la profesora de ustedes? (de Bolivia)

_____

3. ¿Dónde trabaja tu amiga? (en el hospital)

_____

4. ¿Los amigos de ustedes son de México? (sí)

_____

5. ¿Tú necesitas hablar con mi profesora? (no) (**Ud.** *form*)

_____

6. ¿Elsa necesita mis libros? (sí) (**tú** *form*)

_____

H. Write the following numbers in Spanish.

1. 110 _____

2. 845 _____

3. 514 _____

4. 760 _____

5. 283 _____

6. 672 _____

7. 957 _____

8. 1.000 _____

9. 1.391 _____

10. 3.479 _____

I. Write the following dialogues in Spanish.

1. "Hello. Is Ana home?"
   "Yes. One moment, please."

_____

_____

2. "Hi! How's it going?"
   "So-so . . . (More or less . . .)"
   "Why?"
   "Love problems . . . and financial problems . . ."
   "Do you need money?"
   "Yes!"

_____

_____

_____

_____

_____

_____

3. "What time is Ana coming back?"
   "At ten-thirty."
   "Then I'll call later."

_____

_____

_____

4. "Where are you from, Mr. Silva?"
   "I'm from Brazil."
   "Do you speak English?"
   "No, I don't speak English. I speak Portuguese, Spanish, Italian, and French."

_____

_____

_____

_____

5. "Does your friend's fiancée work in the library?"
   "No, she works in the hospital."

_____

_____

J. Crucigrama

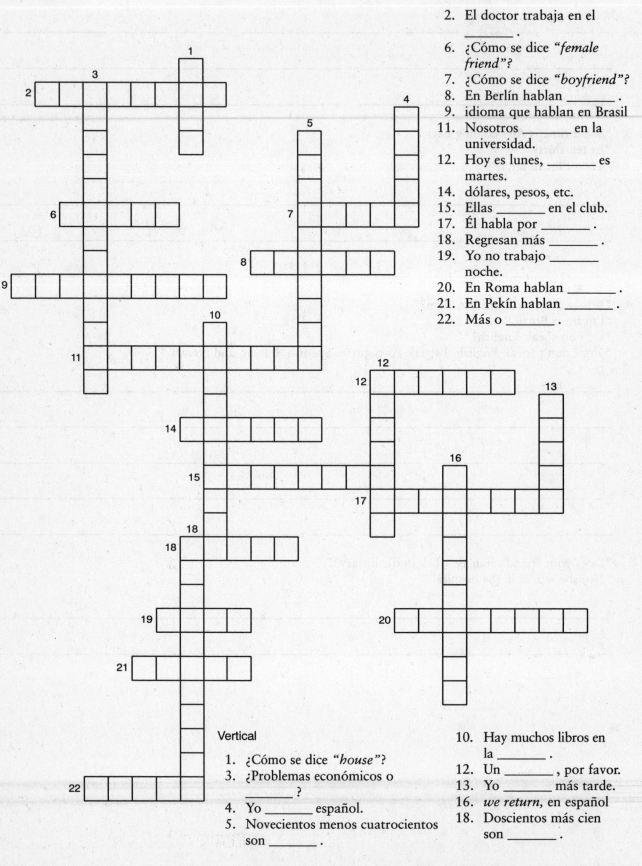

2. El doctor trabaja en el
   _____ .
6. ¿Cómo se dice "female
   friend"?
7. ¿Cómo se dice "boyfriend"?
8. En Berlín hablan _____ .
9. idioma que hablan en Brasil
11. Nosotros _____ en la
    universidad.
12. Hoy es lunes, _____ es
    martes.
14. dólares, pesos, etc.
15. Ellas _____ en el club.
17. Él habla por _____ .
18. Regresan más _____ .
19. Yo no trabajo _____
    noche.
20. En Roma hablan _____ .
21. En Pekín hablan _____ .
22. Más o _____ .

Vertical

1. ¿Cómo se dice "house"?
3. ¿Problemas económicos o
   _____ ?
4. Yo _____ español.
5. Novecientos menos cuatrocientos
   son _____ .

10. Hay muchos libros en
    la _____ .
12. Un _____ , por favor.
13. Yo _____ más tarde.
16. *we return*, en español
18. Doscientos más cien
    son _____ .

26   *Lección 2 Workbook Activities*

K. **¿Qué pasa aquí?** Look at the illustration and answer the following questions.

1. ¿Qué hora es?

   _____

2. ¿Con quién desea hablar Alicia?

   _____

3. ¿Está Marta?

   _____

4. ¿A qué hora regresa Marta?

   _____

5. ¿Cuándo llama Alicia?

   _____

6. ¿Con quién habla Pierre?

   _____

7. ¿Qué idioma hablan Pierre y Michèle?

_____

8. ¿Ellos son de París o de Madrid?

_____

9. ¿Con quién estudia Gonzalo?

_____

10. ¿Qué idioma estudian ellos?

_____

11. ¿Gonzalo desea estudiar por la noche?

_____

12. ¿Dónde trabaja Sonia?

_____

13. ¿Sonia trabaja por la mañana o por la noche?

_____

14. ¿Qué necesita Sonia?

_____

LECCIÓN 2

LABORATORY ACTIVITIES

Name _____

Section _____

Date _____

I. PARA ESCUCHAR Y CONTESTAR

Diálogos: *Por teléfono*

The dialogues will be read first without pauses. Pay close attention to the speakers' intonation and pronunciation.

Raquel desea hablar con Marta.

MARISA —¿Sí?
RAQUEL —Hola. ¿Está Marta?
MARISA —No, no está. Lo siento.
RAQUEL —¿A qué hora regresa?
MARISA —A las nueve de la noche.
RAQUEL —Entonces llamo más tarde.
MARISA —Muy bien. Adiós.

Carmen habla con su amiga María.

MARÍA —Bueno.
CARMEN —Hola. ¿Está María?
MARÍA —Sí, con ella habla... ¿Carmen?
CARMEN —Sí. ¿Qué tal, María?
MARÍA —Muy bien, gracias. ¿Qué hay de nuevo?
CARMEN —Nada. ¡Oye! ¿Cuándo estudiamos inglés? ¿Hoy?
MARÍA —Sí, y mañana estudiamos francés.
CARMEN —¿Dónde? ¿En la universidad?
MARÍA —No, en la casa de Amanda.
CARMEN —Muy bien. Hasta luego, entonces.

Pedro desea hablar con Ana.

ROSA —Dígame.
PEDRO —Hola. ¿Está Ana?
ROSA —Sí. ¿Quién habla?
PEDRO —Pedro Morales.
ROSA —Un momento, por favor.
ANA —¿Quién es?
ROSA —Es tu amigo Pedro.
ANA —Hola, Pedro. ¿Qué tal?

Lección 2 Laboratory Activities   **29**

PEDRO	—Bien, ¿y tú?
ANA	—Más o menos.
PEDRO	—¿Por qué? ¿Problemas sentimentales?
ANA	—No, problemas económicos. ¡Necesito dinero!
PEDRO	—¡Yo también! Oye, ¿tú trabajas en el hospital esta noche?
ANA	—No, hoy no trabajo por la noche. Los lunes mi novio y yo estudiamos en la biblioteca.

Now the dialogues will be read with pauses for you to repeat what you hear. Imitate the speakers' intonation patterns.

Preguntas y respuestas

You will now hear questions about the dialogues. Answer each one, omitting the subject. The speaker will confirm your response. Repeat the correct response.

Situaciones

The speaker will present several situations based on the dialogues. Respond appropriately in Spanish to each situation. The speaker will confirm your response. Repeat the correct response. Follow the model.

> MODELO: You ask if Carlos is at home.
> ¿Está Carlos?

II. PRONUNCIACIÓN

A. The sound of the Spanish i

- Repeat the words in each pair, imitating the speaker's pronunciation.

English	Spanish
director	director
diversion	diversión
Lidia	Lidia
inspector	inspector
tropical	tropical

- Repeat each word, imitating the speaker's pronunciation.

sí	días	necesitar
dinero	cinco	hospital
idioma	italiano	

- When you hear the number, read the corresponding sentence aloud. Then listen to the speaker and repeat the sentence.

  1. Fifí mira a Rin-Tin-Tin.
  2. Mimí dice que es difícil vivir aquí.

B. The sound of the Spanish o

- Repeat the words in each pair, imitating the speaker's pronunciation.

English	Spanish
noble	noble
no	no
opinion	opinión
Colorado	colorado

- Repeat each word, imitating the speaker's pronunciation.

problema	México	noche
como	entonces	ocho
momento	número	teléfono

- When you hear the number, read the corresponding sentence aloud. Then listen to the speaker and repeat the sentence.

  1. Yo como pollo con Rodolfo.
  2. Lolo compró los loros.

C. The sound of the Spanish u

- Repeat the words in each pair, imitating the speaker's pronunciation.

English	Spanish
universal	universal
club	club
Hugo	Hugo
humor	humor
Uruguay	Uruguay

- Repeat each word, imitating the speaker's pronunciation.

estudiar	computadora
usted	luz
Susana	universidad
anuncio	gusto

- When you hear the number, read the corresponding sentence aloud. Then listen to the speaker and repeat the sentence.

  1. Las universidades uruguayas están en las urbes.
  2. Úrsula usa uniformes únicamente en el club.

Lección 2 Laboratory Activities

III. ¡VAMOS A PRACTICAR!

A. Answer each question you hear in the negative. Include the subject in your answer. The speaker will confirm your response. Repeat the correct response. Follow the model.

> MODELO: —¿Uds. trabajan en el hospital?
> —**No, nosotros no trabajamos en el hospital.**

B. Provide the correct definite article for each word you hear. The speaker will confirm your response. Repeat the correct response. Follow the model.

> MODELO: problema
> **el problema**

C. Answer the following questions to indicate ownership, using the cues. The speaker will confirm your response. Repeat the correct response. Follow the model.

> MODELO: —¿Es el lápiz de Rosa? (María)
> —**No, es el lápiz de María.**

1. (Carlos) 2. (la profesora) 3. (Elisa) 4. (Irene) 5. (Rodolfo)

D. Answer each question you hear in the affirmative, using the appropriate possessive adjectives. The speaker will confirm your response. Repeat the correct response. Follow the model.

> MODELO: —¿Es tu amigo?
> —**Sí, es mi amigo.**

E. Change each sentence to the interrogative form, placing the subject at the end of the question. The speaker will confirm your response. Repeat the correct response. Follow the model.

> MODELO: —La profesora está en la clase.
> —**¿Está en la clase la profesora?**

1. Marisa y Rosa necesitan dinero.
2. Roberto trabaja en la universidad.
3. El doctor Mena necesita trabajo.
4. Usted trabaja en el hospital.
5. Los profesores estudian el programa.
6. Los estudiantes hablan japonés.

IV. EJERCICIO DE COMPRENSIÓN

Before listening to the dialogues in this section, study the comprehension questions below. Reviewing the questions ahead of time will help you to remember key information as you listen.

1. ¿De dónde es Carlos?
2. ¿Habla inglés?
3. ¿Está Carmen?
4. ¿A qué hora regresa?
5. ¿Dónde trabaja Jorge?
6. ¿Trabaja esta noche?

Listen carefully to each dialogue and then answer the questions, omitting the subject. The speaker will confirm your response. Repeat the correct response.

V. PARA ESCUCHAR Y ESCRIBIR

Tome nota

You will hear a brief telephone conversation. First listen carefully for general comprehension. Then, as you listen for a second time, fill in the information requested.

Compañía _____

Mensaje telefónico para _____

De parte de _____

Mensaje _____

_____

Dictado

A. The speaker will say some numbers. Write each one in the space provided. Each number will be read twice.

1. _____

2. _____

3. _____

4. _____

5. _____

6. _____

B. The speaker will read six sentences. Each sentence will be read twice. After the first reading, write what you heard. After the second reading, check your work and fill in what you missed.

1. _____

2. _____

3. _____

4. _____

5. _____

6. _____

Lección 2 Laboratory Activities **33**

CHECK YOUR PROGRESS
Lecciones 1 y 2

Name _____

Section _____

Date _____

Lección 1

A. Write the following words under the appropriate headings and add the corresponding definite article before each word.

doctora	escritorios	hombre
lápices	libro	mapas
mujeres	pared	pizarra
plumas	profesora	puerta
reloj	tiza	ventanas

PERSONAS (People)	COSAS PARA ESCRIBIR (Things for writing)	OTRAS COSAS EN LA CLASE (Other things in the classroom)

B. Solve the following arithmetic problems.

1. treinta + veinticinco = _____

2. cincuenta + doce = _____

3. noventa y ocho – setenta = _____

4. cien – treinta y cinco = _____

5. ochenta + veinte = _____

6. cuarenta y tres + cuarenta y cinco = _____

C. Write the questions that elicited the following answers.

1. _____

   La clase de español es a las ocho.

2. _____

   Hay dos ventanas.

3. _____

   Yo soy de Cuba.

4. _____

   Me llamo Alberto Aguirre.

5. _____

   Se dice "escritorio".

6. _____

   Quiere decir *"clock"*.

Lección 2

A. Answer the following questions, using complete sentences.

1. ¿Qué idioma estudias?

   _____

2. ¿Tú deseas estudiar francés?

   _____

3. ¿Tú trabajas? ¿Dónde?

   _____

4. ¿Qué necesitas? ¿Dinero?

   _____

5. ¿De dónde es tu profesor (profesora)?

   _____

6. ¿Qué idiomas habla tu profesor (profesora)?

   _____

7. ¿A qué hora regresas hoy a tu casa?

   _____

B. Place the following words in the corresponding columns and provide the appropriate indefinite articles.

muchedumbre *(crowd)*	día	sistema
borrador	presión *(pressure)*	mano
telegrama	universidad	poema
amistad *(friendship)*		

Femenino	*Masculino*
1. _____	6. _____
2. _____	7. _____
3. _____	8. _____
4. _____	9. _____
5. _____	10. _____

C. Using **de,** write sentences establishing possession or the relationship between the elements given.

1. Carlos / escritorio   _____

2. profesora / plumas   _____

3. la señora Peña / profesora   _____

4. estudiantes / libros   _____

D. Solve the following arithmetic problems.

1. quinientos once + doscientos = _____

2. trescientos cuarenta – ciento treinta = _____

3. setecientos sesenta y dos + treinta y ocho = _____

4. novecientos noventa y siete – seiscientos siete = _____

5. cuatrocientos setenta – doscientos veinte = _____

E. Write a brief paragraph about yourself. Describe where you are from, what language(s) you speak, what time your Spanish class *(clase de español)* is, and what you need.

_____

_____

_____

_____

_____

_____

_____

_____

_____

LECCIÓN 3

WORKBOOK
ACTIVITIES

Name _____

Section _____

Date _____

A. Complete the following sentences with appropriate adjectives from the list and the corresponding definite or indefinite articles.

rubio   alta   difícil   español   simpáticas   mexicanos   argentina   norteamericanas

1. _____ muchachos _____ hablan español.

2. Ana es _____ chica muy _____ .

3. _____ profesor _____ no habla inglés.

4. _____ amigas de Rosa son muy _____ .

5. _____ novio de Luisa es _____ , no pelirrojo.

6. _____ profesoras _____ no hablan español.

7. _____ profesora de José es _____ ; es de Buenos Aires.

8. _____ lección tres es muy _____ .

B. Complete the following chart with the corresponding present indicative forms.

Infinitive	yo	tú	Ud., él, ella	nosotros	Uds., ellos
leer	leo	lees	lee	leemos	leen
1. comer	como			comemos	
2. creer		crees			creen
3. beber					
4. escribir		escribes		escribimos	
5. recibir	recibo		recibe		reciben
6. decidir					

C. Complete the following dialogues, using the verbs listed.

escribir   comer   vivir   aprender   leer

1. —¿Dónde _____ Uds.?

   —Nosotros _____ en la cafetería. ¿Y tú?

   —Yo _____ en mi casa.

2. —¿Qué periódico _____ Ud.?

   —Yo _____ *El heraldo.*

3. —¿En qué calle _____ Uds.?

   —Nosotros _____ en la calle Lima. ¿Dónde _____ tú?

   —Yo _____ en la avenida Juárez.

   —¿Y Teresa?

   —Ella _____ en la calle Colombia.

4. —¿En qué idioma _____ Uds.?

   —Yo _____ en español y John _____ en inglés.

5. —¿Tú _____ mucho en la clase?

   —No, yo no _____ mucho porque no estudio.

D. Complete the following sentences with the correct form of **tener** or **venir.**

1. Nosotros no _____ su dirección.

2. Yo _____ con mi esposa.

3. Ellos _____ a la cafetería.

4. ¿_____ tú el periódico?

5. ¿_____ Ud. a solicitar trabajo?

6. Yo no _____ hermanos.

7. ¿_____ tú conocimiento de computadoras?

8. Nosotras _____ con la recepcionista.

E. Rewrite the following sentences, using **tener que.**

    MODELO: Yo trabajo mucho.
                  Yo tengo que trabajar mucho.

1. Ellos vienen por la tarde. _____

2. ¿Tú llenas la solicitud de trabajo? _____

3. Ella no habla japonés. _____

4. Yo estudio esta noche. _____

5. Nosotros no escribimos en francés. _____

F. Supply the definite article, **de** + *the definite article,* or **a** + *the definite article,* as required.

1. Marta viene _____ universidad.

                    _____ club.

                    _____ hospital.

                    _____ Ciudad de México.

2. Rodolfo lleva _____ señora.

                    _____ hermano de Mario.

                    _____ periódicos.

                    _____ novia de Pedro.

                    _____ chicas.

                    _____ jamón.

                    _____ muchachos.

3. Ella llama _____ Sr. Ortega.

                    _____ Srta. Rojas.

                    _____ muchachas.

                    _____ profesor.

4. El dinero es _____ Sr. Silva.

                    _____ Sra. Zubizarreta.

                    _____ chicas.

G. **¿Cómo se dice... ?** Write the following dialogues in Spanish.

1. "Are all your classes in the morning, Anita?"
   "Yes, I have the afternoon free."
   "Are your classes very difficult?"
   "No, they're easy."

   _____

   _____

   _____

   _____

2. "Place of birth?"
   "The United States."
   "Age?"
   "Thirty (years)."
   "Marital status?"
   "I'm (a) widow."
   "Profession?"
   "Professor."

   _____

   _____

   _____

   _____

   _____

   _____

   _____

3. "Do you have to call Mary's brother?"
   "No, I have to call David and Luis."

   _____

   _____

4. "What is your name?"
"My name is Rosa."
"Are you single . . . divorced . . .?"
"I'm married, sir."
"How many children do you have?"
"I have five children."

_____

_____

_____

_____

_____

5. "Do you have to work, Miss Peña?"
"No, I have to take my sister to the university."

_____

_____

H. Identify what type of information is being requested.

1. _____ Alicia Rojas Vargas

2. _____ 8–7–1978

3. _____ 20 años

4. _____ soltera

5. _____ Avenida Bolívar No. 1.843

6. _____ 792–2638

7. _____ mexicana

8. _____ estudiante

I. Crucigrama

Horizontal

1. enviar
4. opuesto *(opposite)* de **simpático**
7. _____ : 34 años
8. tomar
10. ¿Cómo se dice *"but"*?
14. No es una calle; es una _____ .
15. ¿Es casada o _____ ?
16. chico
19. No tengo _____ de computadoras.
21. Mis amigos _____ trabajo en la compañía IBM.
22. Comen sándwiches de jamón y _____ .
23. Lugar de _____ : California
26. ¿Cómo se dice *"I think"*?
27. _____ : Profesor
28. ¿Cómo se dice *"while"*?

Vertical

2. Es _____ ; es de Washington.
3. opuesto de **cerca**
5. No tengo tiempo _____ trabajar.
6. opuesto de **gorda**
9. Ud. debe llenar la _____ .
11. charlar
12. diario
13. _____ : García
17. trabajo
18. Me voy. ¡Nos _____ !
20. ¿Es rubia, morena o _____ ?
24. Ellos _____ el diario.
25. Nosotros _____ la televisión.

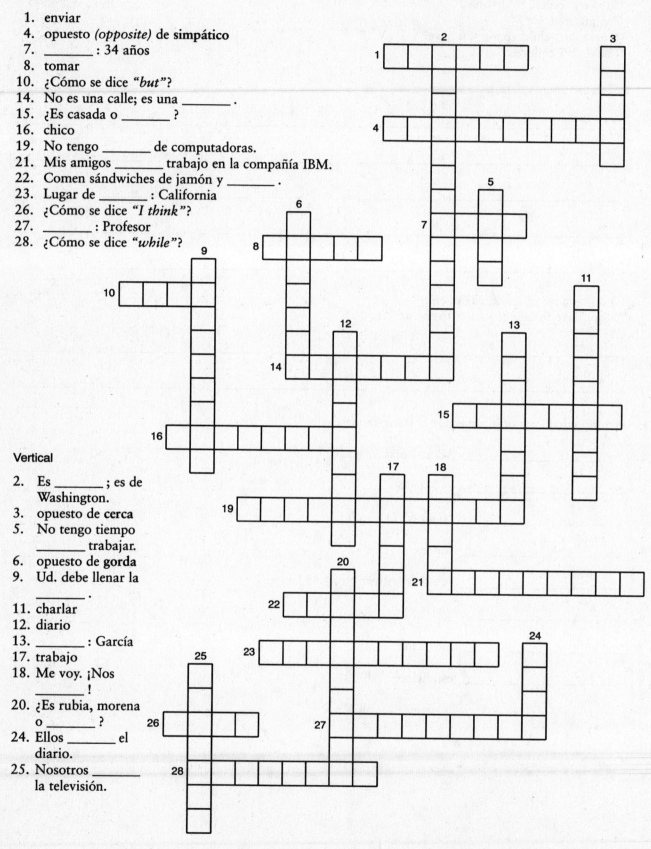

J. ¿Qué pasa aquí? Look at the illustration and answer the following questions.

1. ¿Dónde comen los estudiantes?

    _____

2. ¿Qué bebe Mario?

    _____

3. ¿Quién desea comer con Mario?

    _____

4. ¿Tiene Mario mucho tiempo libre?

    _____

5. ¿Mario tiene que trabajar o tiene que estudiar?

    _____

Lección 3 Workbook Activities **45**

6. ¿Qué lee Marta?

_____

7. ¿Qué sección del periódico lee?

_____

8. ¿Qué necesita Marta?

_____

9. ¿Marta tiene conocimiento de computadoras?

_____

10. ¿Con quién come Alberto? ¿Qué comen?

_____

11. ¿Qué estudian Julio y Alberto?

_____

12. ¿La clase de historia es fácil para Julio?

_____

13. ¿Qué día tienen el examen de historia?

_____

14. ¿Qué tiene que estudiar Jorge?

_____

15. ¿Tiene que estudiar por la mañana, por la tarde o por la noche?

_____

PARA LEER

La familia de Hilda López

La señora Hilda López Ramírez es de Santiago, pero ahora° vive en California.   *now*
Es enfermera° y trabaja en un hospital de Los Ángeles. Sus padres° son médicos,°   *nurse / parents / physicians*
y viven en Viña del Mar, una ciudad de Chile.

    Julio, el esposo de la señora López, es ingeniero.° Ellos tienen tres hijos: *engineer*
Eduardo, Irene y Teresa. Eduardo es rubio y muy alto. Las chicas son morenas
y muy bonitas. Los tres son muy inteligentes y muy simpáticos. Hablan inglés y
español. En la escuela° leen y escriben en inglés. Irene y Eduardo tienen   *school*
conocimiento de computadoras.

    La familia vive en la ciudad de Los Ángeles, en la calle Figueroa, número
ciento treinta. Emilio Ramírez, el padre° de Julio, es viudo y vive con ellos.   *father*

¡Conteste!

1. ¿Hilda López es casada o soltera?

_____

2. ¿De qué país *(country)* es ella?

_____

3. ¿Dónde vive ahora?

_____

4. ¿Cuáles son las profesiones de Hilda y de su esposo?

_____

5. ¿Dónde trabaja Hilda?

_____

6. ¿Cuál es la profesión de los padres de Hilda?

_____

7. ¿Los padres de Hilda viven en Santiago?

_____

8. ¿Cuántos hijos tienen Hilda y Julio? ¿Cómo son? *(What are they like?)*

_____

Lección 3 Workbook Activities

9. ¿Qué idiomas hablan los niños? ¿En qué idioma leen y escriben en la escuela?

_____

10. ¿Quiénes tienen conocimiento de computadoras?

_____

11. ¿En qué ciudad de California vive la familia?

_____

12. ¿Cuál es la dirección de la familia Ramírez?

_____

13. ¿Quién es Emilio Ramírez? ¿Es divorciado?

_____

14. ¿El señor Ramírez vive en Los Ángeles también?

_____

LECCIÓN 3

LABORATORY

ACTIVITIES

Name _____

Section _____

Date _____

I. PARA ESCUCHAR Y CONTESTAR

Diálogo: *Susana solicita trabajo*

The dialogue will be read first without pauses. Pay close attention to the speakers' intonation and pronunciation.

Susana y su amigo Quique conversan en la cafetería de la universidad mientras comen sándwiches de jamón y queso y beben café. La muchacha es rubia, bonita y muy inteligente. Quique es alto, moreno, guapo y simpático. Susana lee un anuncio en el periódico y decide solicitar el empleo. Quique cree que ella no debe trabajar.

> La compañía IBM necesita
> recepcionista. Debe hablar
> inglés y tener conocimiento
> de computadoras. Venir, o
> enviar su solicitud a avenida
> Simón Bolívar, 342, Caracas.

QUIQUE	—Susana, ¡tú tienes cuatro clases! No tienes tiempo para trabajar.
SUSANA	—Todas mis clases son por la mañana. Tengo la tarde libre.
QUIQUE	—Pero tienes que estudiar...
SUSANA	—Bueno, mis clases no son muy difíciles.
QUIQUE	—¡La clase del Dr. Peña no es fácil!
SUSANA	—No es difícil. Avenida Simón Bolívar... Yo vivo cerca de allí...
QUIQUE	—¿Cerca? Tú vives en la calle Seis.
SUSANA	—No queda lejos. Bueno, me voy.
QUIQUE	—¿A qué hora vienes mañana?
SUSANA	—Vengo a las nueve. Nos vemos.
QUIQUE	—Tenemos examen de francés y debemos estudiar. ¿Por qué no vienes a las ocho?
SUSANA	—No, porque a las ocho llevo a mi hermano al gimnasio.
QUIQUE	—Entonces, hasta mañana ¡y buena suerte!

(En la compañía IBM, Susana llena la solicitud y más tarde llama a Quique por teléfono.)

Now the dialogue will be read with pauses for you to repeat what you hear. Imitate the speakers' intonation patterns.

Preguntas y respuestas

You will now hear questions about the dialogue. Answer each one, omitting the subject. The speaker will confirm your response. Repeat the correct response.

Situaciones

The speaker will present several situations based on the dialogue. Respond appropriately in Spanish to each situation. The speaker will confirm your response. Repeat the correct response. Follow the model.

> MODELO: You tell a friend that you have to study tomorrow.
> **Tengo que estudiar mañana.**

II. PRONUNCIACIÓN

Linking

- When you hear the number, read the corresponding sentence aloud. Then listen to the speaker and repeat the sentence.

1. ¿De dónde eres tú?

2. Mis amigos están en México.

3. Mi hermana es alta y elegante.

4. ¿Vienes a las ocho?

5. Leen el anuncio en el periódico.

III. ¡VAMOS A PRACTICAR!

A. The speaker will read several phrases. Repeat each phrase, and then change each adjective according to the new cue. Make sure the adjectives agree with the nouns in gender and number. The speaker will confirm your response. Repeat the correct response. Follow the model.

> MODELO: El profesor español
> La profesora
> **La profesora española**
> Los profesores
> **Los profesores españoles**
> Las profesoras
> **Las profesoras españolas**

1. El muchacho rubio
2. El estudiante inteligente

3. El chico simpático
4. El examen difícil

B. Answer each question you hear in the negative, using the subject in your answer. The speaker will confirm your response. Repeat the correct response. Follow the model.

    MODELO: —¿Abres la puerta?
                   —No, yo no abro la puerta.

C. Answer each question you hear, using the cue provided. The speaker will confirm your response. Repeat the correct response. Follow the model.

    MODELO: —¿Quién viene hoy? (Carlos)
                   —Carlos viene hoy.

1. (más tarde)   2. (Teresa)   3. (a las seis)   4. (sí)   5. (no)   6. (sí)   7. (Marisa)
8. (no)

D. Certain people are not doing what they are supposed to do. Say what they have to do. The speaker will confirm your response. Repeat the correct response. Follow the model.

    MODELO: Tú no estudias.
                Tú tienes que estudiar.

E. Answer each question you hear in the negative, using the cue provided and the personal **a** as needed. The speaker will confirm your response. Repeat the correct response. Follow the model.

    MODELO: —¿Llamas a Olga? (Elena)
                   —No, llamo a Elena.

1. (Luis)   2. (hermanas)   3. (amiga)   4. (profesora)   5. (cuadernos)

F. Answer each question you hear, using the cue provided. The speaker will confirm your response. Repeat the correct response. Follow the model.

    MODELO: —¿A quién llamas? (profesor Vega)
                   —Llamo al profesor Vega.

1. (doctor)   2. (club)   3. (señor López)   4. (novia de Luis)   5. (profesora)
6. (amigo de Juan)

IV. EJERCICIO DE COMPRENSIÓN

Before listening to the dialogues in this section, study the comprehension questions. Reviewing the questions ahead of time will help you to remember key information as you listen.

1. ¿Esteban es moreno?
2. ¿Es alto o bajo?
3. ¿A qué hora viene Cecilia a la universidad?
4. ¿Las clases de Cecilia son muy difíciles?
5. ¿Susana tiene la tarde libre o tiene que trabajar?
6. ¿Teresa tiene que trabajar también?

Listen carefully to each dialogue and then answer the questions, omitting the subject. The speaker will confirm your response. Repeat the correct response.

V. PARA ESCUCHAR Y ESCRIBIR

Tome nota

You will hear a young woman describe herself. First listen carefully for general comprehension. Then, as you listen for a second time, fill in the information requested.

Nombre y apellido: _____

Dirección: _____

Estado civil: _____

Nacionalidad: _____

Lugar de nacimiento: _____

Ocupación: _____

Dictado

The speaker will read six sentences. Each sentence will be read twice. After the first reading, write what you heard. After the second reading, check your work and fill in what you missed.

1. _____

2. _____

3. _____

4. _____

5. _____

6. _____

Lección 4

WORKBOOK
ACTIVITIES

Name _____

Section _____

Date _____

A. Write the following dialogues in Spanish.

1. "Do you want a soft drink, Anita?"
   "No, thank you. I'm not thirsty . . . I'm very hungry . . ."

   _____

   _____

2. "Are you in a hurry, Mr. Vega?"
   "Yes, I'm always in a hurry."

   _____

   _____

3. "Are you cold, Paquito?"
   "No, I'm hot!"

   _____

   _____

4. "How old are you?"
   "I'm seven years old."

   _____

   _____

5. "Are you sleepy, Anita?"
   "Yes, I'm very sleepy."

   _____

   _____

6. "You have to be careful, Carlos."
   "You're right, Miss Flores."

   _____

   _____

B. Complete each of the following sentences with the correct present indicative form of the verb given.

1. Yo (ir) _____ a la fiesta.

   (dar) _____ dinero.

   (estar) _____ en el club.

2. Tú (ir) _____ a casa de Marta.

   (dar) _____ tu número de teléfono.

   (estar) _____ bien.

3. José (ir) _____ al baile.

   (dar) _____ su dirección.

   (estar) _____ en la terraza.

4. Carlos y yo (ir) _____ a Buenos Aires.

   (dar) _____ un baile en nuestra casa.

   (estar) _____ en el club.

5. Los muchachos (ir) _____ con sus compañeros al gimnasio.

   (dar) _____ sus nombres.

   (estar) _____ en la cafetería.

C. Complete each sentence with the appropriate form of **ir** + **a** + *infinitive*, using the verbs listed.

   ir   traer   invitar   dar   brindar   empezar

1. Yo _____ a mis compañeros a mi fiesta de Navidad.

2. Mis amigos _____ con champán.

3. ¿Tú _____ los discos compactos?

4. La fiesta _____ a las nueve.

5. Mi prima y yo _____ a Venezuela en diciembre.

6. ¿Ud. _____ una fiesta en su casa?

D. Complete each of the following sentences with either **ser** or **estar,** as appropriate. Indicate the reason for your choice by placing the corresponding number in the blank provided before the sentence.

Uses of ser
1. characteristic / expressions of age
2. material that something is made of
3. nationality / origin / profession
4. time and dates
5. event that is taking place
6. possession / relationship

Uses of estar
7. condition
8. location
9. reaction / sensory perception

_____ 1. ¡La ensalada _____ deliciosa!

_____ 2. Ellos _____ enfermos.

_____ 3. Miguel Ángel _____ mi hermano.

_____ 4. La fiesta _____ en el Club Tropicana.

_____ 5. Nosotros _____ norteamericanos: yo _____ de

Arizona y ella _____ de Utah.

_____ 6. El hospital _____ en la calle Cuarta.

_____ 7. Ana _____ muy bonita.

_____ 8. Los cuadernos _____ de Irene.

_____ 9. El café _____ frío.

_____ 10. ¿Dónde _____ tu hermana?

_____ 11. Rogelio _____ muy inteligente.

_____ 12. Yo _____ profesor.

_____ 13. _____ las dos y media.

_____ 14. La mesa _____ de metal.

E. Complete the following chart.

	Subject	Infinitive	Present Indicative
1.	Las chicas	preferir	
2.			entiendo
3.	ustedes	querer	
4.			cerramos
5.	Fernando	perder	
6.			empiezas
7.	Ud.	pensar	
8.			comenzamos

F. Complete the following paragraph, using the verbs listed. Use each verb once.

entender   cerrar   querer   pensar   preferir   empezar

Elena no _____ ir a la fiesta de Teresa mañana; _____

ir al club. Nosotros _____ ir a la fiesta con José Luis. La fiesta

_____ a las nueve de la noche.

Elena tiene una amiga que es de París y se llama Michelle. Las amigas de Elena no

_____ a Michelle porque ella no habla español. Esta noche Elena y Michelle van a

estudiar en la biblioteca hasta *(until)* las ocho y media. La biblioteca _____

a las nueve.

G. **¿Cómo se dice... ?** Write the following dialogues in Spanish.

1. "Where are your friends?"
   "They are at the gym."
   "Is the party at the club?"
   "No, it's at my house."

_____

_____

_____

_____

2. "Are you in a hurry, Miss Peña?"
   "Yes, I have to go to the hospital."

   _____

   _____

3. "Are you going to take the girls to the Christmas party?"
   "Yes. What time does it start?"
   "It starts at eight."

   _____

   _____

   _____

4. "Are you sleepy, Pablo?"
   "No, but I'm very tired."

   _____

   _____

5. "Are you going to invite Mr. Lara's son to your birthday party, Anita?"
   "No, I prefer to invite Miss Peña's brother."

   _____

   _____

Lección 4 Workbook Activities   **57**

H. Crucigrama

Horizontal

2. ¿Cómo se dice *"wine"*?
3. cinta
8. ¿Cómo se dice *"happy"*?
9. En un baile, nosotros _____ .
11. Madrid es la capital de _____ .
13. ¿Cómo se dice *"hors d'oeuvres"*?
15. las doce de la noche
17. Él es de Montevideo; es _____ .
19. ¿Cómo se dice *"birthday"*?
21. Hoy celebramos el año _____ .
22. Él es mi _____ de clase.

4. opuesto de **mala**
5. deseo
6. ¿Cómo se dice *"I bring"*?
7. empezamos
10. *Budweiser* es una _____ .
12. El champán es una _____ .
14. Ellos no quieren cerveza; _____ un refresco.
16. El 25 de diciembre celebramos la _____ .
18. Marité trabaja mucho; está muy _____ .
20. muy, muy bueno

Vertical

1. En España comen doce _____ a la medianoche del 31 de diciembre.
3. ¿Cómo se dice *"to celebrate"*?

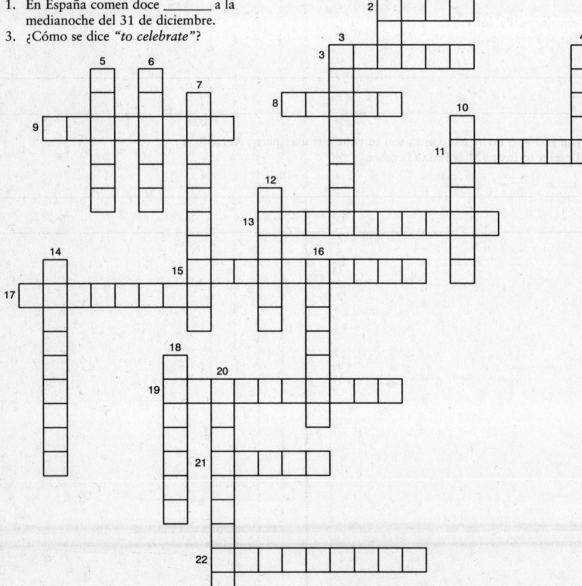

I. **¿Qué pasa aquí?** Look at the illustration and answer the following questions.

1. ¿Es una fiesta de Navidad?

   _____

2. ¿Es el cumpleaños de Pablo?

   _____

3. ¿Cuántos años tiene Armando?

   _____

4. ¿Quién da la fiesta?

   _____

5. ¿Carmen es la novia de Armando?

_____

6. ¿Por qué no baila Hernán?

_____

7. ¿Qué va a comer Hernán?

_____

8. ¿Con quién baila Gabriela?

_____

9. ¿Con quién está Elsa?

_____

10. ¿Con qué brindan Elsa y Fernando?

_____

11. ¿Marcos tiene hambre o tiene sed?

_____

12. ¿Ud. cree que Ana y José son novios o que son hermanos?

_____

Lección 4

LABORATORY ACTIVITIES

Name _____

Section _____

Date _____

I. PARA ESCUCHAR Y CONTESTAR

Diálogo: *En una fiesta*

The dialogue will be read first without pauses. Pay close attention to the speakers' intonation and pronunciation.

Adela, una chica uruguaya, da una fiesta de fin de año en su casa e invita a muchos de sus compañeros de la universidad. En la fiesta, Humberto y Adela conversan mientras bailan.

ADELA —Humberto, ¿dónde está tu prima?
HUMBERTO —Va a venir más tarde. Tiene que traer a mi mamá.
ADELA —También va a traer unos discos compactos. Oye, ¿dónde vamos a celebrar el año nuevo?
HUMBERTO —Vamos a ir al baile del Club Náutico.
ADELA —¡Tienes razón! La fiesta es allí. Julio y su novia van a ir también.
HUMBERTO —¡Magnífico! Ellos son muy simpáticos. Además, mañana es el cumpleaños de Julio.
ADELA —¿Ah sí? ¿Cuántos años tiene Julio?
HUMBERTO —Creo que tiene veintidós.
ADELA —Oye, ¿tienes hambre? ¿Quieres pollo, entremeses, ensalada...? El pollo está delicioso.
HUMBERTO —No, gracias. No tengo mucha hambre, pero tengo sed.
ADELA —¿Quieres un coctel, sidra, champán, cerveza, sangría...?
HUMBERTO —Prefiero un refresco.
ADELA —¿A qué hora empieza el baile en el club?
HUMBERTO —A las diez y media. Voy a llamar a Julio y a Teresa.
ADELA —Y Silvia, ¿también piensa ir con nosotros?
HUMBERTO —No, ella no va porque está enferma.

Más tarde, en el Club Náutico, todos celebran el año nuevo.

ADELA —La orquesta es magnífica. ¿Bailamos, Humberto?
HUMBERTO —Sí.
JULIO —¿Estás cansada, Teresa?
TERESA —No, tengo calor. ¿Por qué no vamos todos a la terraza ahora?
JULIO —Buena idea. ¿Llevamos las bebidas?
TERESA —Sí, tengo mucha sed.
JAVIER —¿No tienen uvas? En España siempre comemos doce uvas a la medianoche.

Lección 4 Laboratory Activities **61**

MARISA	—Aquí en Montevideo brindamos con sidra.
ADELA	—¡Son las doce! ¡Feliz Año Nuevo!
TODOS	—¡Feliz Año Nuevo! ¡Feliz Año Nuevo...!
HUMBERTO	—Y, ¡feliz cumpleaños, Julio!

Now the dialogue will be read with pauses for you to repeat what you hear. Imitate the speakers' intonation patterns.

Preguntas y respuestas

You will now hear questions about the dialogue. Answer each one, omitting the subject. The speaker will confirm your response. Repeat the correct response.

Situaciones

The speaker will present several situations based on the dialogue. Respond appropriately in Spanish to each situation. The speaker will confirm your response. Repeat the correct response. Follow the model.

MODELO: You ask a child if he is hot.
¿Tienes calor?

II. PRONUNCIACIÓN

A. The sound of the Spanish b and v

- Repeat each word, imitating the speaker's pronunciation.

veinte	bien
venir	baile
Viviana	rubio
uva	sobrina

- When you hear the number, read the corresponding sentence aloud. Then listen to the speaker and repeat the sentence.

1. ¿Vas a Burgos para buscar a Viviana?
2. Victoria baila con Vicente Barrios.
3. En el verano, Bárbara va a Varsovia con Basilio.

B. The sound of the Spanish d

- Repeat each word, imitating the speaker's pronunciation.

delgado	universidad
de	sábado
debe	bebida
dos	adiós

- When you hear the number, read the corresponding sentence aloud. Then listen to the speaker and repeat the sentence.

    1. Dorotea mide dos yardas de seda.
    2. ¿Cuándo es la boda de Diana y Dionisio?
    3. ¿Por dónde anda Delia, doña Dora?

C. The sound of the Spanish **g**

- Repeat each word, imitating the speaker's pronunciation.

delgado	Durango
guapo	gusto
gordo	

- Repeat the following words.

amigo	hago
pregunta	llega
uruguaya	Hugo

- Repeat the following words.

Guevara	guitarra
Guillermo	guerra
alguien	

- When you hear the number, read the corresponding sentence aloud. Then listen to the speaker and repeat the sentence.

    1. Gustavo Guerrero ganó la guerra.
    2. El águila lanzó la daga en el agua.
    3. El gordo guardó la guitarra en el gabinete.

III. ¡VAMOS A PRACTICAR!

A. Use expressions with **tener** to say how the people described in each statement feel, according to the situation. The speaker will confirm your response. Repeat the correct response. Follow the model.

    MODELO: I am in Alaska in January.
                Ud. tiene mucho frío.

B. You will hear several statements, each followed by a question. Answer each question, using the cue provided. The speaker will confirm your response. Repeat the correct response. Follow the model.

    MODELO: —Luis va a la fiesta. ¿Y tú? (al baile)
                —**Yo voy al baile.**

1. (con Raúl) 2. (con Carmen) 3. (el domingo) 4. (en Colorado) 5. (no) 6. (el domingo)

     Lección 4 Laboratory Activities   **63**

C. You will hear some statements about what people do on different occasions. Using the cues provided, respond by saying what the new subjects are *going* to do. The speaker will confirm your response. Repeat the correct response. Follow the model.

      MODELO: Ana trabaja los lunes. (yo—los sábados)
                   Yo voy a trabajar los sábados.

1. (nosotros—por la mañana)   2. (tú—los martes)   3. (Anita—el viernes)   4. (yo—a las seis)
5. (ellos—entremeses)

D. Combine the phrases given to form sentences, using the appropriate form of **ser** or **estar**. The speaker will confirm your response. Repeat the correct response. Follow the model.

      MODELO: Mis padres / de México
                   Mis padres son de México.

E. The speaker will ask several questions. Answer each one, using the cue provided. The speaker will confirm your response. Repeat the correct response. Follow the model.

      MODELO: —¿Adónde quieren ir Uds.? (a la universidad)
                   —Queremos ir a la universidad.

1. (a las siete)   2. (a las ocho)   3. (no, con Antonio)   4. (no, esta tarde)   5. (sí)
6. (a las diez)   7. (sí)

IV. EJERCICIO DE COMPRENSIÓN

Before listening to the dialogues in this section, study the comprehension questions below. Reviewing the questions ahead of time will help you to remember key information as you listen.

1. ¿Por qué no quiere comer Estela?
2. ¿Estela tiene sed?
3. ¿Qué prefiere tomar?
4. ¿Cuántos años tiene Marta?
5. ¿Qué celebra Marta hoy?
6. ¿Adónde va a ir Marta?
7. ¿A qué hora empieza el baile?
8. ¿Por qué no quiere bailar Silvia?
9. ¿Adónde quiere ir ella?
10. ¿Por qué quiere ir a la terraza?

Listen carefully to each dialogue, and then answer the questions, omitting the subject. The speaker will confirm your response. Repeat the correct response.

V. PARA ESCUCHAR Y ESCRIBIR

Tome nota

You will hear a young man describe his birthday party. First listen carefully for general comprehension. Then, as you listen for a second time, fill in the information requested.

¡Es una fiesta de _____ **!**

Para _____

Día _____

Hora _____

Lugar _____

Dictado

The speaker will read six sentences. Each sentence will be read twice. After the first reading, write what you heard. After the second reading, check your work and fill in what you missed.

1. _____

2. _____

3. _____

4. _____

5. _____

6. _____

CHECK YOUR PROGRESS
LECCIONES 3 y 4

Name _____

Section _____

Date _____

Lección 3

A. Answer the following questions, using complete sentences.

1. ¿Tú vives con tus padres *(parents)*?

_____

2. ¿Tus amigos viven cerca de tu casa?

_____

3. ¿Tú abres las ventanas de tu cuarto *(room)* por la noche?

_____

4. ¿Tú comes en la cafetería de la universidad o en tu casa?

_____

5. ¿Tú bebes Coca-Cola o Pepsi?

_____

6. ¿Tú recibes muchas cartas *(letters)*?

_____

7. ¿Qué idioma aprenden Uds.?

_____

Check Your Progress (Lecciones 3 y 4) **67**

8. ¿Tú crees que el español es fácil o difícil?

_____

9. ¿Tú lees libros en español?

_____

10. ¿En qué idioma escriben Uds.?

_____

11. ¿Cuántas clases tienes tú?

_____

12. ¿Uds. tienen que estudiar mucho en la clase de español?

_____

13. ¿Qué días vienes tú a la universidad?

_____

B. Complete the following sentences in a logical manner.

1. Él es un muchacho muy guapo y ella _____ .

2. Los chicos son españoles y las chicas _____ .

3. El Sr. Rojas es muy alto, pero la Sra. Rojas _____ .

4. Él es simpático, pero sus hermanas _____ .

5. El español es fácil, pero el japonés y el ruso _____ .

C. Write the following dialogues in Spanish.

1. "Are they coming from the university?"
   "No, they're coming from the club."

_____

_____

2. "Do they wish to call Miss Torres or Mr. Vargas?"
   "They wish to call their sister."

_____

_____

Lección 4

A. Answer the following questions with complete sentences, using the cues provided.

1. ¿Tienes hambre? (sí, mucha)

_____

2. ¿Adónde quieres ir? (a la cafetería)

_____

3. ¿Qué quieres comer? (un sándwich)

_____

4. ¿Tienes sed? (sí)

_____

5. ¿Qué prefieres beber? (un refresco)

_____

6. ¿Qué van a leer Uds.? (el periódico)

_____

7. ¿A qué hora comienza la clase? (a las nueve)

_____

B. Complete the following sentences, using the appropriate forms of **ir, dar,** or **estar.**

1. Yo nunca _____ fiestas.

2. ¿Tú _____ al baile del club?

3. Teresa _____ en la terraza. ¿Dónde _____ ellos?

4. Nosotros no _____ al baile pero Luis _____ .

5. ¿Ud. _____ a la fiesta que _____ Irma?

Check Your Progress (Lecciones 3 y 4) **69**

C. Write the following dialogues in Spanish.

1. "I'm very cold."
   "Do you want to close the window?"

   _____

   _____

2. "When is she going to bring the soft drinks?"
   "Tomorrow."

   _____

   _____

3. "Where is the party? At Ana's house?"
   "Yes, are you going?"
   "No, I'm very tired."

   _____

   _____

   _____

D. Imagine that you are planning to give a party. Write a brief paragraph about what you are going to serve (**servir**) to eat and drink, whom you are going to invite, and whether or not you are going to dance.

   _____

   _____

   _____

   _____

   _____

   _____

70   *Check Your Progress (Lecciones 3 y 4)*

Lección 5

WORKBOOK ACTIVITIES

Name _____

Section _____

Date _____

A. Rewrite the following sentences, changing the subject in each one to **yo.**

1. Ellos salen a las dos.

_____

2. Él trae los libros y traduce las lecciones.

_____

3. Nosotros no hacemos nada los domingos.

_____

4. Ella conoce España pero no sabe español.

_____

5. Uds. no caben aquí.

_____

6. Olga conduce un Cadillac.

_____

7. Tú pones el dinero en el banco *(bank)*.

_____

8. Ellos ven a Estela los sábados.

_____

B. Write sentences using **saber** or **conocer,** and the elements given.

1. nosotros / Teresa

   _____

2. yo / el poema / de memoria

   _____

3. Elsa / no / California

   _____

4. ellos / hablar / inglés

   _____

5. tú / novelas de Cervantes

   _____

6. Armando / no / japonés

   _____

C. Look at the picture below and complete the following sentences, relating what the people are doing and establishing comparisons among them.

1. Alberto _____ con Rita. Rita es _____ _____ que

   Alberto. Él es _____ _____ que ella.

2. Julio y Elisa _____ . Julio es mucho _____ _____

   que ella. Elisa es la _____ _____ de la fiesta.

3. Luis es _____ _____ que Mario. Luis es el _____

   _____ de la fiesta.

4. Pedro es _____ _____ que Alberto.

5. Estela y Dora _____ café. Estela es _____ _____

   que Dora.

D. Complete the following sentences, using appropriate comparative forms.

1. Elena tiene veinte años. Jorge tiene treinta años.

   Elena es _____ que Jorge. Jorge es _____ que Elena.

2. Marta tiene una "A" en alemán, Felicia tiene una "B" y Ramón tiene una "D".

   Ramón es el _____ . Marta es la _____ .

3. Yo hablo inglés mal. Tú hablas inglés muy bien.

   Yo hablo inglés _____ que tú. Tú hablas inglés _____ que yo.

E. Complete the chart below.

	Subject	Infinitive	Present Indicative
1.	yo	poder	
2.			volvemos
3.	Uds.	almorzar	
4.			encuentras
5.	Luis	dormir	
6.			vuelo
7.	los chicos	recordar	
8.			podemos
9.	el cuadro	costar	

Lección 5 Workbook Activities

F. Answer the following questions, using the cues provided.

1. ¿Puede Ud. viajar a México este verano? (sí)

   _____

2. ¿Cuánto cuesta viajar a México? (quinientos dólares)

   _____

3. ¿Ud. y su familia vuelan a México? (sí)

   _____

4. ¿A qué hora vuelve Ud. a su casa hoy? (a las cinco)

   _____

5. ¿Almuerza Ud. en su casa o en la cafetería? (en la cafetería)

   _____

6. ¿Recuerda Ud. el número de teléfono de su profesor? (no)

   _____

G. ¿Cómo se dice...? Write the following dialogues in Spanish.

1. "Can you go to the museum this weekend, Mr. Vargas?"
   "I can't. I have to work, but David can go."
   "What's his phone number?"
   "I don't remember."

   _____

   _____

   _____

2. "Your uncle is very handsome." (tú *form*)
   "Yes, but he has (a) girlfriend."
   "What is she like? Is she prettier than I?"
   "Yes, but you are much more intelligent."

   _____

   _____

_____

_____

3. "Are you younger than your brother, Miss Vargas?"
   "No, I'm two years older than he. I am the oldest."

_____

_____

4. "You are the most beautiful girl in the world."
   "Thank you!"

_____

_____

5. "Do you know Mr. Quintana, Miss Rojas?"
   "Yes, but I don't know his address."

_____

_____

6. "I can't study because I don't have as much time as you."
   "But you don't have as many classes as I."

_____

_____

7. "What time do you leave, Paquito?"
   "I leave at seven."

_____

_____

H. Crucigrama

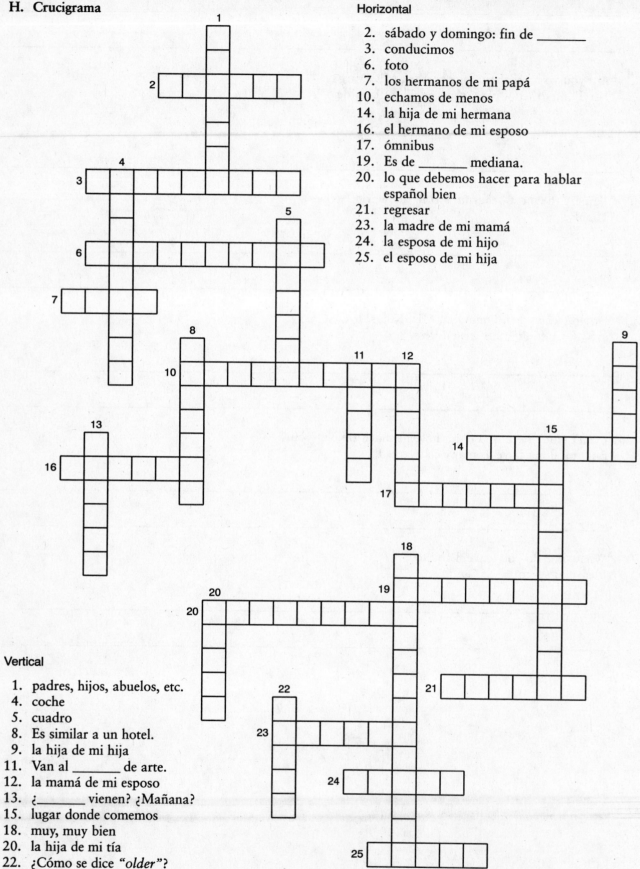

Horizontal

2. sábado y domingo: fin de _____
3. conducimos
6. foto
7. los hermanos de mi papá
10. echamos de menos
14. la hija de mi hermana
16. el hermano de mi esposo
17. ómnibus
19. Es de _____ mediana.
20. lo que debemos hacer para hablar español bien
21. regresar
23. la madre de mi mamá
24. la esposa de mi hijo
25. el esposo de mi hija

Vertical

1. padres, hijos, abuelos, etc.
4. coche
5. cuadro
8. Es similar a un hotel.
9. la hija de mi hija
11. Van al _____ de arte.
12. la mamá de mi esposo
13. ¿_____ vienen? ¿Mañana?
15. lugar donde comemos
18. muy, muy bien
20. la hija de mi tía
22. ¿Cómo se dice "older"?

I. **¿Qué pasa aquí?** Look at the illustration and answer the following questions.

1. ¿Las personas están en una pensión?

   _____

2. ¿Qué día es hoy?

   _____

3. ¿La señora Torres y Mirta van a almorzar juntas *(together)*?

   _____

4. ¿Con quién va a almorzar Mirta?

   _____

   _____

5. ¿Mirta es la hermana de Raquel?

   _____

6. ¿Cuál es el apellido de Raquel?

   _____

7. ¿Olga es la prima de Beatriz?

_____

8. ¿Olga es mayor o menor que Beatriz?

_____

9. ¿Cuál de las dos es más alta?

_____

10. ¿Adónde van a ir de excursión?

_____

11. ¿Van en coche?

_____

12. ¿A qué hora van?

_____

PARA LEER

¡Vamos a Madrid!

Cindy y Robin son dos chicas norteamericanas que° estudian medicina en la   *who*
Universidad de Barcelona. Cindy tiene veinte años; es una chica alta, rubia y
muy simpática. Robin tiene diecinueve años; es morena, de ojos° castaños° y es   *eyes / brown*
más alta y más delgada que Cindy. Las dos chicas son muy inteligentes y
estudian mucho.

    Este fin de semana Robin y Cindy piensan ir a Madrid porque quieren
visitar a unos amigos que viven allí. Cindy quiere ir en automóvil pero Robin
piensa que es mejor ir en autobús porque es tan cómodo como el coche.

    El sábado van a ir al Museo del Prado porque Robin quiere ver los
cuadros de Goya y de Velázquez que tienen allí. Por la noche van a ir a un club
a bailar. El domingo van a visitar la ciudad de Toledo, y por la noche Cindy
quiere comer en un restaurante de la Gran Vía, la famosa calle de Madrid.

    Hoy Robin va a comprar° unos discos compactos de música española para   *buy*
su hermano porque la próxima semana° es su cumpleaños.   **la...** *next week*

¡Conteste!

1. ¿De dónde son Cindy y Robin?

   _____

2. ¿A qué universidad asisten?

   _____

3. ¿Cómo es Cindy?

   _____

4. ¿Cómo es Robin?

   _____

5. ¿Quién es mayor?

   _____

6. ¿Adónde piensan ir este fin de semana? ¿Por qué?

   _____

7. ¿Por qué piensa Robin que es mejor ir en autobús?

   _____

8. ¿Qué pintores *(painters)* españoles prefiere Robin?

   _____

9. ¿Adónde van a ir el domingo?

   _____

10. ¿Qué es la Gran Vía?

    _____

11. ¿Qué va a comprar Robin?

    _____

12. ¿Quién celebra su cumpleaños la semana próxima?

    _____

LECCIÓN 5

LABORATORY
ACTIVITIES

Name _____

Section _____

Date _____

I. PARA ESCUCHAR Y CONTESTAR

Diálogo: *Planes para un fin de semana*

The dialogue will be read first without pauses. Pay close attention to the speakers' intonation and pronunciation.

Carol, una estudiante de los Estados Unidos, está en España. Asiste a la universidad de Salamanca y vive en una pensión cerca de la Plaza Mayor. Quiere aprender a hablar español perfectamente y por eso nunca pierde la oportunidad de practicar el idioma. Ahora está en un café con dos amigos españoles.

LUIS	—Oye, Carol, ¿puedes ir con nosotros a Madrid este fin de semana?
CAROL	—No sé... Tengo que escribir muchas cartas: a mi abuela, a mi tío, a mi hermano...
LUIS	—Tú echas de menos a tu familia, ¿no?
CAROL	—Sí, ...especialmente a mi hermano mayor.
CARMEN	—¿Cómo es tu hermano? ¿Rubio? ¿Moreno?
CAROL	—Es rubio, delgado y de estatura mediana. Estudia medicina.
CARMEN	—¡Muy interesante! ¿Cuándo viene a España? ¿En el verano?
CAROL	—No, va a viajar a México con su esposa y sus dos hijas.
CARMEN	—¡Bah! Es casado... ¡Qué lástima! ¿No tienes otro hermano?
CAROL	—No, lo siento. ¿Quieren ver una fotografía de mis sobrinas?
CARMEN	—Sí. ¡Son muy bonitas!
CAROL	—Empiezan a asistir a la escuela el quince de septiembre.
LUIS	—¡Oye! ¿Por qué no vas a Madrid con nosotros? Es más interesante que escribir cartas...
CAROL	—¿Van en coche?
LUIS	—No, preferimos ir en autobús. Es tan cómodo como el coche, no cuesta mucho y no tenemos que conducir.
CAROL	—¡Buena idea! Yo nunca conduzco en Madrid. ¿Y adónde piensan ir?
CARMEN	—Al Museo del Prado. Allí están algunos de los cuadros más famosos del mundo.
LUIS	—¡Es muy interesante! ¡Y Madrid tiene unos restaurantes muy buenos! Nosotros siempre almorzamos en Casa Botín.
CAROL	—Vale. ¡Vamos a Madrid! ...¡Si no llueve! Porque si llueve no salgo de mi casa.
CARMEN	—No, hija, no va a llover.
CAROL	—¿Cuándo volvemos?
LUIS	—El sábado por la noche o el domingo.

Preguntas y respuestas

You will now hear questions about the dialogue. Answer each one, omitting the subject. The speaker will confirm your response. Repeat the correct response.

Situaciones

The speaker will present several situations based on the dialogue. Respond appropriately in Spanish to each situation. The speaker will confirm your response. Repeat the correct response. Follow the model.

MODELO: You ask a friend if she misses her family.
¿Tú echas de menos a tu familia?

II. PRONUNCIACIÓN

A. The sound of the Spanish **p**

- Repeat each word, imitating the speaker's pronunciation.

perfectamente	tiempo	oportunidad
pintura	papá	septiembre
pensión	primo	poder

- When you hear the number, read the corresponding sentence aloud. Then listen to the speaker and repeat the sentence.

1. Para practicar preciso tiempo y plata.
2. Pablo puede pedirle la carpeta.
3. El pintor pinta un poco para pasar el tiempo.

B. The sound of the Spanish **t**

- Repeat each word, imitating the speaker's pronunciation.

nieta	restaurante	practicar
tío	carta	auto
otro	este	foto

- When you hear the number, read the corresponding sentence aloud. Then listen to the speaker and repeat the sentence.

1. ¿Todavía tengo tiempo o es tarde?
2. Tito trae tomates para ti también.
3. Teresa tiene tres teléfonos en total.

C. The sound of the Spanish **c**

- Repeat each word, imitating the speaker's pronunciation.

café	coche	cuñado
nunca	cómodo	cuánto
calle	simpático	cuándo

- When you hear the number, read the corresponding sentence aloud. Then listen to the speaker and repeat the sentence.

    1. Carmen Cortés compró un coche.
    2. Cándido conoció a Paco en Colombia.
    3. Coco canta canciones cubanas.

D. The sound of the Spanish **q**

- Repeat each word, imitating the speaker's pronunciation.

Quintana	aquí
Roque	quiere
queso	orquesta

- When you hear the number, read the corresponding sentence aloud. Then listen to the speaker and repeat the sentence.

    1. ¿Qué quiere Roque Quintana?
    2. ¿Quieres quedarte en la quinta?
    3. El pequeño Quique quiere queso.

III. ¡VAMOS A PRACTICAR!

A. Answer the following questions in the affirmative. The speaker will confirm your response. Repeat the correct response. Follow the model.

> MODELO: —¿Traes a tu amiga a la fiesta?
> —**Sí, traigo a mi amiga a la fiesta.**

B. Say what or whom the following people know, using **saber** or **conocer** and the cues provided. The speaker will confirm your response. Repeat the correct response. Follow the model.

> MODELO: Sergio   (a María)
> **Sergio conoce a María.**

1. (hablar español)   2. (España)   3. (dónde viven)   4. (las novelas de Cervantes)
5. (a sus padres)

C. Respond to each statement you hear, using the comparative form. The speaker will confirm your response. Repeat the correct response. Follow the model.

> MODELO: Yo soy alto.
> **Yo soy más alto que tú.**

D. Establish comparisons of equality between the people described in each pair of statements you hear. The speaker will confirm your response. Repeat the correct response. Follow the model.

> MODELO: Jorge es bajo. Pedro es bajo.
> **Jorge es tan bajo como Pedro.**

E. You will hear several statements describing people or places. Using the cue provided, express the superlative. The speaker will confirm your response. Repeat the correct response. Follow the model.

> MODELO: Tomás es muy guapo.   (de la clase)
> **Sí, es el más guapo de la clase.**

1. (de España)   2. (de California)   3. (de la clase)   4. (de la familia)   5. (de la ciudad)

F. Answer each question you hear, using the cue provided. The speaker will confirm your response. Repeat the correct response. Follow the model.

> MODELO: —¿Puede venir Marcos hoy? (no)
> **—No, no puede venir.**

1. (en la cafetería)   2. (dos dólares)   3. (en enero)   4. (sí)   5. (no)   6. (no)

IV. EJERCICIO DE COMPRENSIÓN

Before listening to the dialogues in this section, study the conprehension questions below. Reviewing the questions ahead of time will help you to remember key information as you listen.

1. ¿Rosa y Carlos almuerzan en la cafetería?
2. ¿Dónde almuerzan?
3. ¿Por qué no almuerzan en la cafetería?
4. ¿Por qué no va a almorzar Luis con Rosa y con Carlos?
5. ¿Qué no recuerda Oscar?
6. ¿Cuándo vuela Rita a México?
7. ¿Cuándo vuelve?
8. ¿A qué hora sale Ángela de su casa?
9. ¿Por qué no conduce el coche de su papá?

Listen carefully to each dialogue and then answer the questions, omitting the subject. The speaker will confirm your response. Repeat the correct response.

V. PARA ESCUCHAR Y ESCRIBIR

Tome nota

You will hear a brief news report about a bank robbery. It will include a description of the robbers. First listen carefully for general comprehension. Then, as you listen for a second time, fill in four identifying characteristics of each robber.

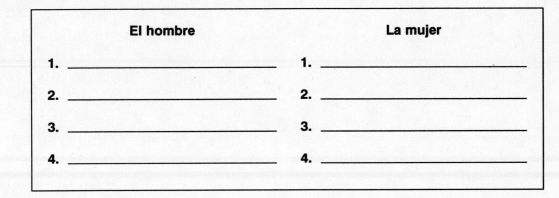

	El hombre		La mujer
1.	_____	1.	_____
2.	_____	2.	_____
3.	_____	3.	_____
4.	_____	4.	_____

Dictado

The speaker will read six sentences. Each sentence will be read twice. After the first reading, write what you heard. After the second reading, check your work and fill in what you missed.

1. _____

2. _____

3. _____

4. _____

5. _____

6. _____

Lección 5 Laboratory Activities   **85**

Lección 6

WORKBOOK ACTIVITIES

Name _____

Section _____

Date _____

A. Complete the chart below.

Infinitive	yo	tú	Ud., él, ella	nosotros	Uds., ellos, ellas
1. servir					
2.	pido				
3.		dices			
4.			sigue		
5.					consiguen

B. Complete the following paragraphs, using the verbs listed.

pedir   conseguir   decir   servir

En el restaurante el Azteca _____ los mejores tamales y las mejores enchiladas.

Roberto y yo siempre _____ tamales y Jorge _____

enchiladas. Mamá _____ que nosotros siempre _____ lo

mismo *(the same thing)*.

   Mañana, Jorge va a ir a una tienda *(store)* donde él siempre _____ discos

compactos de música mexicana.

C. A REVIEW OF STEM-CHANGING VERBS.

Complete the following dialogues, using stem-changing verbs.

1. —Carla, ¿tú _____ ir a la fiesta de Juan?

   —Yo no _____ ir porque tengo que trabajar. ¿Tú vas?

   —No, yo _____ ir al club a bailar.

Lección 6 Workbook Activities

2. —¿A qué hora _____ a servir el desayuno en el hotel?

—A las siete. _____ desayuno continental y desayuno americano.

—¿Cuánto _____ el desayuno continental?

—_____ cinco dólares, pero yo siempre _____ el desayuno americano.

3. —¿Cuándo _____ Uds. de sus vacaciones?

—_____ en agosto porque las clases _____ en septiembre.

— Cuando Uds. van a Chile, ¿_____ o van en coche?

—_____ porque es más rápido *(faster)*.

4. —¿Tú _____ en la cafetería?

—No, porque la cafetería _____ a las dos y yo trabajo hasta las tres.

5. —(Yo) no _____ mis llaves. ¿Dónde están?

—Tú siempre _____ tus llaves.

6. —Cuando tus abuelos hablan en italiano, ¿tú _____ lo que *(what)*

_____ ?

—No, no _____ nada.

D. Complete the following sentences, using the correct pronouns.

1. La maleta es para _____ . (yo)

_____ . (ellos)

_____ . (Ud.)

_____ . (tú)

_____ . (nosotros)

2. Ellos hablan de _____ . (nosotros)

_____ . (tú)

_____ . (yo)

_____ . (él)

_____ . (Uds.)

3. Raúl va con _____ . (ellas)

_____ . (tú)

_____ . (nosotros)

_____ . (yo)

_____ . (ella)

E. Rewrite the following story, making all sentences negative.

Elena siempre va a San Francisco y su esposo va también. Siempre compran algo porque tienen dinero. Algunos de sus amigos los visitan los domingos, y Elena sirve vino o refrescos. Elena es muy simpática y su esposo es muy simpático también.

_____

_____

_____

_____

_____

_____

_____

_____

F. Describe what each of the following people is doing as completely as possible, using the present progressive tense.

1. Ella _____

_____

2. El profesor _____

_____

3. Ellos _____

_____

4. Tú _____

_____ la cena.

5. Yo _____

_____ una carta.

G. Complete the following dialogues, using direct object pronouns.

    MODELO: ¿Ella llama *a Teresa?*
                    Sí, ella la llama.

1. ¿Ellos *te* visitan?

   Sí, ellos _____ visitan.

2. ¿Tú llamas *a Jorge?*

   Sí, yo _____ llamo.

3. ¿Tú vas a comprar *los cheques de viajero?*

   Sí, yo voy a comprar_____ .

4. ¿Ustedes *nos* llaman (a nosotras)?

   Sí, nosotros _____ llamamos.

5. ¿Jorge va a llevar a *las chicas?*

   Sí, Jorge va a llevar_____ .

6. ¿Anita trae *el tocadiscos compacto?*

   Sí, Anita _____ trae.

7. ¿Tú *me* llamas mañana?

   Sí, yo _____ llamo mañana.

8. ¿Ellos *las* llevan *(a Uds.)* a la fiesta?

   Sí, ellos _____ llevan a la fiesta.

9. ¿Ellos *las* llevan *(a ellas)* a la fiesta?

   Sí, ellos _____ llevan a la fiesta.

10. ¿Tú puedes traer *la maleta de Jorge?*

   Sí, yo puedo traer_____ .

H. Answer the following questions, using the cues provided and the appropriate direct object pronouns.

1. ¿Cuándo puedes traer *las maletas?* (mañana)

_____

2. ¿Puedes llamar*me* esta noche? (sí) (**tú** *form*)

_____

3. ¿Tú tienes *la llave del cuarto?* (no)

_____

4. ¿Aceptan *tarjetas de crédito* en el hotel? (sí)

_____

5. ¿Quién *te* lleva al centro mañana? (mi tío)

_____

6. ¿Tú vas a firmar *el registro?* (sí)

_____

7. ¿Vas a visitar a *tus abuelos* esta noche? (sí)

_____

8. ¿Quién *los* va a llevar *a Uds.* al aeropuerto el sábado? (mi prima)

_____

I. **¿Cómo se dice...?** Write the following dialogues in Spanish.

1. "Do you buy anything when you travel?"
    "No, I never buy anything."
    "I never buy anything either."

_____

_____

2. "What is Isabel saying?"
    "She's not saying anything. She's sleeping."

_____

_____

3. "Do you need the keys, Anita?"
    "Yes, I need them. Can you bring them tonight, please?"

_____

_____

Lección 6 Workbook Activities   **91**

4. "I want a room with a view of the street."
   "I have one that is vacant."
   "Fine. Do I have to sign the register?"
   "Yes, you have to sign it."

   _____

   _____

   _____

   _____

5. "What time do they serve breakfast?"
   "Breakfast is at eight, lunch is at two, and dinner is at nine."

   _____

   _____

J. Crucigrama

Horizontal

3. ¿La habitación es interior o con _____ a la calle?
4. ascensor
6. El desayuno es a las siete y el _____ es a las doce.
7. ¿Tiene una _____ de hoteles y pensiones?
10. opuesto de **nada**
11. Voy a la _____ de turismo.
12. Dial, Dove, etc.
16. ¿Dónde está el cuarto de _____ ?
17. cuarto
19. ¿Como se dice "*clerk*"?
21. Las necesitamos para abrir las puertas.
22. Vamos a ver las _____ de Machu Picchu.
23. ¿Cómo se dice "*to have dinner*"?
26. Tienen objetos de _____ y plata.
27. Ellos _____ el desayuno a las ocho.
29. opuesto de **cancelar**
30. opuesto de **alguien**
31. opuesto de **muchos**
32. opuesto de **siempre**

Vertical

1. ¿Tienen _____ de habitación?
2. Necesito jabón y una _____ .
3. ¿Cómo se dice "*I visit*"?
5. Primero como y _____ trabajo.
8. Tiene que _____ el registro.
9. valija
13. opuesto de **caro**
14. Necesito cheques de _____ .
15. Tengo mi cámara _____ .
16. El _____ lleva las maletas al cuarto.
18. ¿Aceptan _____ de crédito?
19. mostrar
20. ¿Cómo se dice "*to request*"?
24 opuesto de **izquierda**
25 opuesto de **doble**
28. La _____ de México está en Washington, D.C.

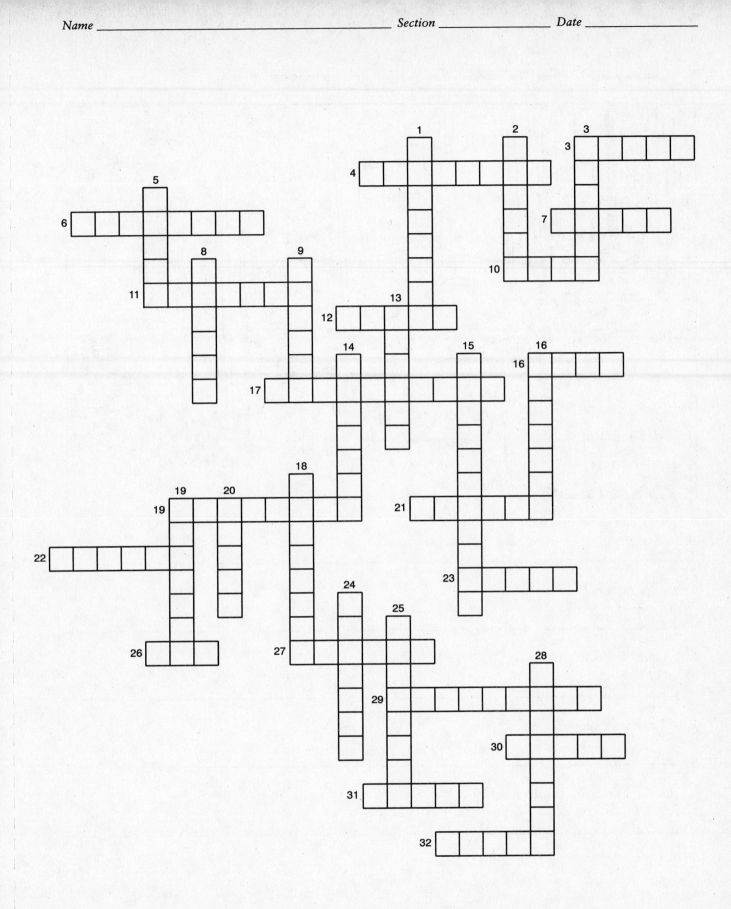

K. **¿Qué pasa aquí?** Look at the illustration and answer the following questions.

1. ¿A qué hora es el desayuno?

   _____

2. ¿A qué hora es el almuerzo?

   _____

3. ¿A qué hora es la cena?

   _____

4. ¿El cuarto es interior?

   _____

5. ¿Es una habitación sencilla o doble?

   _____

6. ¿Tiene el cuarto baño privado?

_____

7. ¿Cuántas maletas tienen Magali y Javier?

_____

8. ¿Qué no tiene Magali?

_____

9. ¿Qué quiere comprar Magali? ¿Cuánto cuesta?

_____

10. ¿Dónde está Javier?

_____

11. ¿Qué va a pedir Javier?

_____

12. ¿Cuántas toallas hay en el baño?

_____

Lección 6
LABORATORY
ACTIVITIES

Name _____

Section _____

Date _____

I. PARA ESCUCHAR Y CONTESTAR

Diálogo: *Un viaje a Perú*

The dialogue will be read first without pauses. Pay close attention to the speakers' intonation and pronunciation.

Teresa, una profesora mexicana, va a pasar sus vacaciones en Perú. Ella acaba de llegar a Lima, donde piensa pasar unos días antes de ir a Machu Picchu para visitar las famosas ruinas de los incas. Ahora está en el aeropuerto, que es grande y muy moderno. Teresa muestra su pasaporte y luego pasa por la aduana.
    En la aduana, Teresa está hablando con el inspector.

INSPECTOR	—Debe abrir sus maletas. ¿Tiene Ud. algo que declarar?
TERESA	—Tengo una cámara fotográfica y una grabadora. Nada más.
INSPECTOR	—No es necesario declararlas. Todo está en regla.
TERESA	—¿Hay alguna oficina de turismo por aquí?
INSPECTOR	—Sí, está allí, a la izquierda.

En el aeropuerto venden objetos de oro y plata, y Teresa compra algunos para su familia.
En la oficina de turismo, Teresa pide información.

TERESA	—Buenos días, señor. ¿Tiene Ud. una lista de hoteles y pensiones?
EMPLEADO	—Sí, señorita. También tenemos una lista de restaurantes y lugares de interés. Aquí las tiene.
TERESA	—Gracias. ¿Dónde puedo tomar un taxi?
EMPLEADO	—La segunda puerta a la derecha. También hay un autobús que la lleva al centro.

Teresa toma el autobús y va a un hotel del centro, donde pide una habitación.

TERESA	—Necesito una habitación sencilla con baño privado, por favor. No tengo reservación.
EMPLEADO	—Tenemos una con vista a la calle que cuesta 208 soles por día. También hay otra interior en el segundo piso por 130 soles.
TERESA	—Son muy caras para mí. ¿No tiene alguna habitación más barata?
EMPLEADO	—No, no hay ninguna. Ahora hay muy pocos cuartos libres.
TERESA	—Prefiero el cuarto interior. ¿Aceptan cheques de viajero?
EMPLEADO	—Sí, los aceptamos, y también aceptamos tarjetas de crédito.
TERESA	—¿A cómo está el cambio de moneda?
EMPLEADO	—Está a tres soles por dólar.

Teresa firma el registro y pregunta si tienen servicio de habitación.

TERESA	—Quiero cenar en mi habitación. ¿Hasta qué hora sirven la cena?
EMPLEADO	—La sirven hasta las once.
TERESA	—¿Puede alguien llevar mis maletas al cuarto, por favor?
EMPLEADO	—Sí, en seguida viene el botones a llevarlas. Aquí tiene la llave.

Now the dialogue will be read with pauses for you to repeat what you hear. Imitate the speakers' intonation patterns.

Preguntas y respuestas

You will now hear questions about the dialogue. Answer each one, omitting the subject. The speaker will confirm your response. Repeat the correct response.

Situaciones

The speaker will present several situations based on the dialogue. Respond appropriately in Spanish to each situation. The speaker will confirm your response. Repeat the correct response. Follow the model.

MODELO: You need a single room with a private bathroom.
           Necesito una habitación sencilla con baño privado.

II. PRONUNCIACIÓN

A. The sound of the Spanish **g**

- Repeat each word, imitating the speaker's pronunciation.

Gerardo	Argentina	ingeniero
agencia	general	agente
registro	inteligente	Genaro

- When you hear the number, read the corresponding sentence aloud. Then listen to the speaker and repeat the sentence.

1. Gerardo le da el registro al agente.
2. El general y el ingeniero recogieron los giros.
3. Ginés gestionó la gira a la Argentina.

B. The sound of the Spanish **j**

- Repeat each word, imitating the speaker's pronunciation.

Julia	dejar	embajada
pasaje	jabón	viajero
tarjeta	objeto	jueves

- When you hear the number, read the corresponding sentence aloud. Then listen to the speaker and repeat the sentence.

    1. Julia juega con Josefina en junio.
    2. Juan Juárez trajo los juguetes de Jaime.
    3. Esos jugadores jamás jugaron en Jalisco.

C. The sound of the Spanish **h**

- Repeat each word, imitating the speaker's pronunciation.

hay	Hilda	habitación
Honduras	hermano	hasta
ahora	hotel	hija

- When you hear the number, read the corresponding sentence aloud. Then listen to the speaker and repeat the sentence.

    1. Hay habitaciones hasta en los hoteles.
    2. Hernando Hurtado habla con su hermano.
    3. Hortensia habla con Hugo en el hospital.

III. ¡VAMOS A PRACTICAR!

A. Answer each question you hear, using the cue provided. The speaker will confirm your response. Repeat the correct response. Follow the model.

    MODELO: —¿Qué piden Uds.? (un refresco)
             —**Pedimos un refresco.**

1. (pollo y ensalada)   2. (a las ocho)   3. (sí)   4. (sí)   5. (no)

B. Answer each of the following questions, using the second alternative given. The speaker will confirm your response. Repeat the correct response. Follow the model.

    MODELO: —¿Vas a ir con ellos o con nosotros?
             —**Voy a ir con Uds.**

C. Answer each question you hear in the negative. The speaker will confirm your response. Repeat the correct response. Follow the model.

    MODELO: —¿Quieres comprar algunos objetos?
             —**No, no quiero comprar ningún objeto.**

D. Rephrase each of the following statements, using the present progressive tense. The speaker will confirm your response. Repeat the correct response. Follow the model.

    MODELO: Jorge come ensalada.
             Jorge está comiendo ensalada.

E. Say that Luis will be able to take the following people to a party in his car. The speaker will confirm your response. Repeat the correct response. Follow the model.

    MODELO: —Yo no tengo coche.
             —**Luis puede llevarte.**

IV. EJERCICIO DE COMPRENSIÓN

Before listening to the dialogues in this section, study the comprehension questions below. Reviewing the questions ahead of time will help you to remember key information as you listen.

1. ¿A qué hora llama Sergio a Gloria?
2. ¿Por qué no puede llamarla a las siete?
3. ¿Quién tiene los libros de Gloria?
4. ¿Cuándo piensa visitar Ana a Olga?
5. ¿Van a invitar a Daniel?
6. ¿A qué hora sirven el desayuno en la casa de Amalia?
7. ¿Quién está sirviendo el desayuno ahora?

Listen carefully to each dialogue and then answer the questions, omitting the subject and replacing direct objects with direct object pronouns. The speaker will confirm your response. Repeat the correct response.

V. PARA ESCUCHAR Y ESCRIBIR

Tome nota

You will hear a radio ad for a hotel in Puerto Rico. First listen carefully for general comprehension. Then, as you listen for a second time, fill in the information requested.

HOTEL SAN JUAN

Dirección: _____

Teléfono: _____

Lista de precios

Habitaciones exteriores		Habitaciones interiores	
Dobles:	$ _____	Dobles:	$ _____
Sencillas:	$ _____	Sencillas:	$ _____

Servicio de restaurante

Desayuno: De _____ a _____

Almuerzo: De _____ a _____

Cena: De _____ a _____

Dictado

The speaker will read six sentences. Each sentence will be read twice. After the first reading, write what you heard. After the second reading, check your work and fill in what you missed.

1. _____

2. _____

3. _____

4. _____

5. _____

6. _____

CHECK YOUR PROGRESS

LECCIONES 5 y 6

Name _____

Section _____

Date _____

Lección 5

A. Answer the following questions.

1. ¿Eres tan alto(-a) como tu papá?

_____

2. ¿Eres más alto(-a) o más bajo(-a) que tu mamá?

_____

3. ¿Eres mayor o menor que tu mejor amigo(-a)?

_____

4. ¿A qué hora sales de tu casa?

_____

5. ¿Sabes la dirección del profesor (de la profesora)?

_____

6. ¿Conoces Madrid?

_____

7. ¿Cuál crees que es la ciudad más bonita de los Estados Unidos?

_____

8. ¿Cuál es el mejor hotel de la ciudad donde vives?

_____

Check Your Progress (Lecciones 5 y 6)

B. Complete the following sentences with the Spanish equivalent of the words in parentheses.

1. —¿Tú _____ ir a la cafetería con nosotros? *(can)*

   —Yo no _____ en la cafetería. *(have lunch)*

2. —¿Tú _____ cuánto _____ los sándwiches? *(know/cost)*

   —No.

3. —¿Uds. _____ a Roberto Macías? *(know)*

   —Sí, él está en España, ¿verdad? ¿Cuándo _____ ? *(does he return)*

   —En agosto. Después va a Francia.

   —¿Él _____ hablar francés? *(know)*

   —¡Perfectamente!

   —¿Cómo se llama su esposa?

   —(Yo) no _____ ... *(remember)*

Lección 6

A. Complete each of the following sentences with the present indicative of one of the verbs listed.

conseguir   decir   pedir   seguir   servir

1. Yo nunca _____ nada cuando él sale con sus amigos.

2. Eva y yo nunca _____ dinero.

3. Tú siempre _____ entremeses en tus fiestas.

4. Los chicos _____ a su mamá.

5. Ella nunca _____ trabajo.

B. Rewrite the following sentences, changing the verbs to the present progressive.

1. Ellos lo leen.

   _____

2. Ella sirve café.

   _____

3. ¿Qué estudias?

_____

4. Yo no pido dinero.

_____

C. Rewrite the following sentences in the affirmative.

1. Nunca compro nada para nadie.

_____

2. No tengo ningún amigo chileno.

_____

3. Ellos nunca vienen.

_____

D. Answer the following questions in the affirmative, replacing the italicized words with the appropriate direct object pronouns.

1. ¿Vas a llamar*me* mañana?

_____

2. ¿Necesitas *las maletas?*

_____

3. ¿Puedo tomar *el ómnibus* aquí?

_____

4. ¿Eva *los* visita *a Uds.* los sábados?

_____

E. Write the following dialogues in Spanish.

1. "Is she going to study with you or with me?" (**tú** *form*)
   "With me."

_____

_____

Check Your Progress (Lecciones 5 y 6) **105**

2. "Does she call you on Saturdays, Eva?"
   "Yes, and I call her on Sundays."

_____

_____

F. Imagine that you are traveling in Peru, and write a short dialogue between you and a hotel clerk. Say what kind of room you want, discuss prices and methods of payment, inquire about room service, and so on.

_____

_____

_____

_____

_____

_____

_____

_____

LECCIÓN 7

WORKBOOK
ACTIVITIES

Name _____

Section _____

Date _____

A. Write the names of the items illustrated, using the Spanish equivalent of the demonstrative adjectives given.

1. this, these

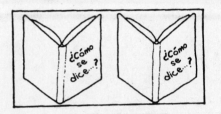

a. _____

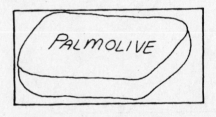

b. _____

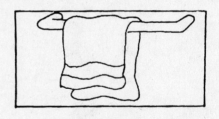

c. _____

d. _____

Lección 7 Workbook Activities   **107**

2. that, those

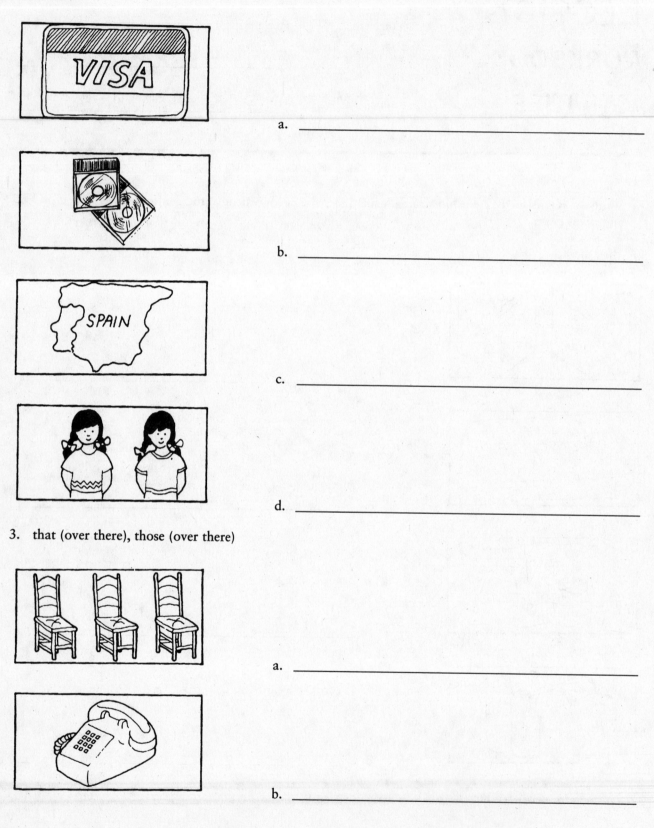

a. _____

b. _____

c. _____

d. _____

3. that (over there), those (over there)

a. _____

b. _____

c. _____

d. _____

B. Write what Carlos brings the following people, using indirect object pronouns. Follow the model.

MODELO: Adela pide una toalla.
Carlos le trae una toalla.

1. Yo pido jabón.

_____

2. Uds. piden una cámara fotográfica.

_____

3. Nosotros pedimos cheques de viajero.

_____

4. Ud. pide la llave.

_____

5. Tú pides una grabadora.

_____

6. Ernesto pide un bolso de mano.

_____

7. María y Jorge piden los pasajes.

_____

8. Estela pide el desayuno.

_____

Lección 7 Workbook Activities   **109**

C. Answer the following questions, using the cues provided.

1. ¿A quién le vas a dar el dinero? (a Raúl)

   _____

2. ¿Me vas a comprar algo a mí? (no, nada)

   _____

3. ¿Qué te va a traer el botones? (el equipaje)

   _____

4. ¿Qué nos vas a comprar tú? (un reloj)

   _____

5. ¿Qué les sirve a Uds. su mamá? (pollo y ensalada)

   _____

6. ¿Cuánto dinero le vas a prestar a tu hermana? (cien dólares)

   _____

D. Complete the following chart, using the verb **gustar.**

English	Indirect object	Verb *gustar*	Person(s) or thing(s) liked
1. I like John.	Me	gusta	Juan.
2. I like these suitcases.	Me	gustan	estas maletas.
3. You *(fam.)* like the book.	Te		
4. He likes the pens.			
5. She likes her job.	Le		
6. We like this restaurant.	Nos		
7. You *(pl.)* like this city.	Les		
8. They like to work.			
9. I like to dance.			
10. You *(fam.)* like this agency.			
11. He likes to travel.			
12 We like aisle seats.			
13. They like the professors.			

E. Rewrite each sentence, substituting the expression **gustar** for **preferir.**

    MODELO: Ana prefiere viajar en avión.
            A Ana le gusta más viajar en avión.

1. Yo prefiero viajar en barco.

    _____

2. Ella prefiere el asiento de ventanilla.

    _____

3. Nosotros preferimos esta agencia de viajes.

    _____

4. Ellos prefieren ir a México.

    _____

5. Tú prefieres estas maletas.

    _____

6. Uds. prefieren salir por la mañana.

    _____

F. Complete the following chart, using the Spanish construction for length of time.

English	Hace	Length of time	que	Subject	Verbs in the present tense
1. I have been studying for three years.	Hace	tres años	que	(yo)	estudio.
2. You have been working for two days.				(tú)	
3. You have been traveling for a month.				(Ud.)	
4. She has been reading for four hours.					
5. He has been sleeping for six hours.					
6. You have been dancing for two hours.				(Uds.)	
7. They have been writing for two hours.					

    Lección 7 Workbook Activities   **111**

G. Say how long each action has been going on. Follow the model.

> MODELO: Son las siete. Trabajo desde *(since)* las tres.
> **Hace cuatro horas que trabajo.**

1. Estamos en diciembre. Vivo aquí desde febrero.

   _____

2. Son las ocho. Estoy aquí desde las ocho menos veinte.

   _____

3. Estamos en el año dos mil. Estudio en esta universidad desde el año mil novecientos noventa y ocho.

   _____

4. Estamos en noviembre. No veo a mis padres desde julio.

   _____

5. Son las cuatro de la tarde. No como desde las diez de la mañana.

   _____

H. Complete the following chart with the corresponding preterit forms.

Infinitive	yo	tú	Ud., él, ella	nosotros	Uds., ellos, ellas
1. hablar	hablé	hablaste	habló	hablamos	hablaron
2. trabajar	trabajé			trabajamos	
3. cerrar			cerró		
4. empezar		empezaste			
5. llegar				llegamos	
6. buscar					buscaron
7. comer	comí	comiste	comió	comimos	comieron
8. beber			bebió		
9. volver	volví				
10. leer			leyó		
11. creer	creí				
12. vivir	viví	viviste	vivió	vivimos	vivieron
13. escribir		escribiste			
14. recibir				recibimos	
15. abrir			abrió		

I. Rewrite each sentence, using the preterit of the verb in parentheses.

MODELO: Yo compré el pasaje ayer. (vender)
Yo vendí el pasaje ayer.

1. ¿A qué hora llegaste? (volver)

_____

2. ¿Salieron ustedes ayer? (llegar)

_____

3. Nosotros ya lo estudiamos. (escribir)

_____

4. Ella lo abrió. (cerrar)

_____

5. Ellos no nos visitaron. (recibir)

_____

6. Yo no estudié. (leer)

_____

J. **¿Cómo se dice...?** Write the following dialogues in Spanish.

1. "Do you like these carry-on bags, miss?"
   "Yes, but I like those over there better."

_____

_____

2. "Does Roberto like to travel by plane?"
   "No, he prefers to travel by train."

_____

_____

3. "How long have you been living in the capital, Mr. Valera?"
   "I've been living here for ten years."

_____

_____

Lección 7 Workbook Activities **113**

4. "What time did you leave home today, Evita?"
   "I left at seven in the morning and returned at five in the afternoon."

   _____

   _____

5. "Are you going to lend him your suitcases, Rosita?"
   "No, I can't lend him my suitcases, because I need them."

   _____

   _____

K. Crucigrama

Horizontal

1. tipo de asiento en un avión
3. ¿Viajas a México? ¡Buen _____ !
4. pasaje
6. Estamos en la _____ de espera.
10. Trabaja en una agencia de _____ .
12. Viajé a Lima el mes _____ .
13. opuesto de **interesante**
14. retraso
15. ¿Cómo se dice *"to return"* (something)?
16. persona que viaja
20. Madrid, por ejemplo
21. ¿Cómo se dice *"to introduce"*?
22. Viajo por Amtrak porque me gusta viajar en _____ .
24. prisa

Vertical

2. Tengo que pagar exceso de _____ .
5. ¿Primera clase o clase _____ ?
6. Viajo en la _____ de no fumar.
7. opuesto de **mañana**
8. Lo tomamos *(take)* en el aeropuerto.
9. Hay sesenta minutos en una _____ .
11. opuesto de **entrada**
12. tipo de tarjeta
16. Quiero un pasaje de ida y _____ .
17. ¿Tiene su tarjeta de _____ ?
18. Necesito un _____ de mano.
19. ¿Cómo se dice *"to lend"*?
23. opuesto de **mucho**: un _____

Lección 7 Workbook Activities   **115**

L. **¿Qué pasa aquí?** Look at the illustration and answer the following questions.

1. ¿En qué agencia de viajes están estas personas?

   _____

2. ¿Cuántos agentes de viaje trabajan en la agencia?

   _____

3. ¿Adónde quiere viajar Silvia?

   _____

4. ¿Cómo va a viajar?

   _____

5. ¿En qué fecha puede viajar?

   _____

6. ¿Cuánto cuesta el viaje a Lima (en dólares)?

   _____

7. ¿Qué días hay vuelos a Lima?

   _____

8. ¿A la capital de que país *(country)* quiere viajar Daniel?

   _____

9. ¿Cómo quiere viajar Daniel?

   _____

10. ¿Cuándo hay tren para Asunción?

   _____

11. ¿A qué ciudad de Argentina quiere viajar Olivia?

   _____

12. ¿Ella va con alguien? ¿Cómo lo sabe Ud.?

   _____

13. ¿Olivia va a comprar un pasaje de ida?

   _____

14. ¿Qué tipo *(type)* de asiento reserva Norberto? ¿En qué sección lo reserva?

   _____

PARA LEER

Rubén y Marisol planean ir de vacaciones en agosto y no pueden decidir adónde ir. Rubén quiere ir a España porque sus padres viven en Sevilla y hace tres años que él no los ve. Marisol prefiere ir a Canadá y pasar dos semanas viajando por Montreal, Toronto y Quebec.

Rubén convence a Marisol y deciden viajar a España. Van a la agencia de viajes, compran dos billetes de ida y vuelta en primera clase y reservan un asiento de ventanilla y un asiento de pasillo.

Cuando vuelven a su casa, Rubén les escribe una carta a sus padres, diciéndoles que llegan a Sevilla el trece de agosto.

¡Conteste!

1. ¿En qué mes planean ir de vacaciones Marisol y Rubén?

   _____

Lección 7 Workbook Activities   **117**

2. ¿A qué país (country) quiere viajar Rubén?

_____

3. ¿En qué ciudad española viven los padres de Rubén?

_____

4. ¿Cuánto tiempo hace que él no los ve?

_____

5. ¿Marisol quiere ir a España también?

_____

6. ¿Qué lugares quiere visitar Marisol?

_____

7. ¿Cuánto tiempo quiere pasar Marisol en Canadá?

_____

8. ¿Quién convence a quién?

_____

9. ¿Marisol y Rubén van a viajar en clase turista?

_____

10. ¿Qué asientos reservan?

_____

11. ¿Qué hace Rubén cuando vuelve a su casa?

_____

12. ¿En qué fecha van a llegar a Sevilla Marisol y Rubén?

_____

LECCIÓN 7

LABORATORY
ACTIVITIES

Name _____

Section _____

Date _____

I. PARA ESCUCHAR Y CONTESTAR

Diálogo: *Hablando de las vacaciones*

The dialogue will be read first without pauses. Pay close attention to the speakers' intonation and pronunciation.

Teresa llegó ayer de su viaje a Perú y ahora está hablando por teléfono con su amiga Silvia. Hace media hora que las chicas están charlando y Teresa le está contando de su viaje.

TERESA —Me gustó mucho la capital, pero me gustó más Machu Picchu.

SILVIA —¡Y no me mandaste una tarjeta postal!

TERESA —Te compré dos, pero no las mandé. Oye, tengo que devolverte la maleta y el bolso de mano que me prestaste.

SILVIA —¡No hay apuro! ¿Llevaste mucho equipaje?

TERESA —Sí, llevé tres maletas. Pagué exceso de equipaje.

SILVIA —¿Cuánto te costó el pasaje? ¿Viajaste en primera clase?

TERESA —¿Estás loca? Viajé en clase turista. ¡Y me costó tres mil quinientos pesos! Ida y vuelta, claro...

SILVIA —¿Qué tal el vuelo?

TERESA —Un poco largo... Y como el avión salió con dos horas de retraso, llegamos muy tarde.

SILVIA —¿Te pasó algo interesante en Lima?

TERESA —Bueno... en la agencia de viajes donde compré el pasaje para Machu Picchu, conocí a un muchacho muy simpático.

SILVIA —¿Viajó contigo? Tienes que contarme todo lo que pasó.

TERESA —Sí, viajé con él en avión a Cuzco, donde almorzamos juntos. Después, conversamos durante todo el viaje en tren a Machu Picchu.

SILVIA —No sé por qué tus vacaciones siempre son magníficas y mis vacaciones son tan aburridas.

TERESA —Pues la próxima vez tenemos que viajar juntas.

SILVIA —Bueno, pero sólo si vamos en tren o en barco. A mí no me gusta viajar en avión.

TERESA —Bueno, viajamos en tren. Oye, este sábado voy al cine con Cecilia. ¿Quieres ir con nosotras?

SILVIA —¿Quién es Cecilia?

TERESA —Es la chica que te presenté en la biblioteca el mes pasado.

SILVIA —Ah, ésa... ya recuerdo. Sí, vamos juntas.

TERESA —¿Quieres ir a almorzar conmigo ahora?

SILVIA —No, gracias, ya almorcé.

TERESA —Bueno, entonces nos vemos mañana.

Preguntas y respuestas

You will now hear questions about the dialogue. Answer each one, omitting the subject. The speaker will confirm your response. Repeat the correct response.

Situaciones

The speaker will present several situations based on the dialogue. Respond appropriately in Spanish to each situation. The speaker will confirm your response. Repeat the correct response. Follow the model.

> MODELO: You ask a friend if he likes to travel.
> ¿Te gusta viajar?

II. PRONUNCIACIÓN

A. The sound of the Spanish ll

- Repeat each word, imitating the speaker's pronunciation.

calle	llegar	botella
llevar	llave	platillo
cuchillo	pollo	

- When you hear the number, read the corresponding sentence aloud. Then listen to the speaker and repeat the sentence.

  1. Allende lleva la silla amarilla.
  2. Las huellas de las llamas llegan a la calle.
  3. Lleva la llave, los cigarrillos y las botellas.

B. The sound of the Spanish ñ

- Repeat each word, imitating the speaker's pronunciation.

español	señorita	España
señor	mañana	año
niño	otoño	

- When you hear the number, read the corresponding sentence aloud. Then listen to the speaker and repeat the sentence.

  1. La señorita Muñoz le da una muñeca a la niña.
  2. La señora española añade vino añejo.
  3. Toño tiñe el pañuelo del niño.

III. ¡VAMOS A PRACTICAR!

A. Answer each of the following questions by saying that you prefer the object that is farthest from you and the speaker, using the verb **preferir** and the equivalent of *that one over there* or *those over there*. The speaker will confirm your response. Repeat the correct response. Follow the model.

> MODELO: —¿Quieres esta lista o ésa?
> —**Prefiero aquélla.**

B. Respond to the following questions with complete sentences, using the cues provided. The speaker will confirm your response. Repeat the correct response. Follow the model.

> MODELO: —¿Qué me traes? (un libro)
> —**Te traigo un libro.**

1. (un pasaje)   2. (la hora)   3. (dinero)   4. (las cintas)   5. (las cartas)

C. Answer the following questions, using expressions with **gustar** and the cues provided. The speaker will confirm your response. Repeat the correct response. Follow the model.

> MODELO: —¿Prefieres México o Puerto Rico? (México)
> —**Me gusta más México.**

1. (en avión)   2. (en primera clase)   3. (éste)   4. (los asientos de ventanilla)
5. (en el invierno)   6. (a un hotel)   7. (una habitación con vista a la calle)   8. (en el otoño)

D. Answer the following questions, using the cues provided. The speaker will confirm your response. Repeat the correct response. Follow the model.

> MODELO: —¿Cuánto tiempo hace que trabajas en este hotel? (dos meses)
> —**Hace dos meses que trabajo en este hotel.**

1. (un año)   2. (diez años)   3. (una hora)   4. (veinte minutos)   5. (dos semanas)

E. Answer the following questions, changing the verbs to the preterit. The speaker will confirm your response. Repeat the correct response. Follow the model.

> MODELO: —¿No vas a estudiar?
> —**Ya estudié.**

IV. EJERCICIO DE COMPRENSIÓN

Before listening to the dialogues in this section, study the comprehension questions below. Reviewing the questions ahead of time will help you to remember key information as you listen.

1. ¿Qué le gustó más de su viaje a Amelia?
2. ¿Les mandó tarjetas a sus amigos?
3. ¿Le devolvió la maleta a su mamá?
4. ¿De quién es el bolso de mano que está en la mesa?
5. ¿Dónde está el bolso de Julián?
6. ¿Dónde compró Iván las maletas?

7. ¿Le gustan a Gabriela las maletas de Iván?
8. ¿Cuánto tiempo hace que Ana conoce a Guillermo?
9. ¿Dónde lo conoció?
10. ¿Le gustó Chile a Ana?

Listen carefully to each dialogue and then answer the questions, omitting the subject and replacing direct objects with direct object pronouns. The speaker will confirm your response. Repeat the correct response.

V. PARA ESCUCHAR Y ESCRIBIR

Tome nota

You will hear three flight announcements at the airport in Lima. First listen carefully for general comprehension. Then, as you listen for a second time, fill in the information requested.

AEROPUERTO INTERNACIONAL DE LIMA

LLEGADAS   SALIDAS

Aerolínea: _____   Aerolínea: _____

_____   Vuelo: _____

Vuelo: _____   Con destino a: _____

Procedente de: _____   Hora: _____

_____   Puerta de salida: _____

Hora: _____   Aerolínea: _____

Puerta de salida: _____   Vuelo: _____

                                        Con destino a: _____

                                        Hora: _____

                                        Puerta de salida: _____

Dictado

The speaker will read six sentences. Each sentence will be read twice. After the first reading, write what you heard. After the second reading, check your work and fill in what you missed.

1. _____

2. _____

3. _____

4. _____

5. _____

6. _____

LECCIÓN 8

WORKBOOK ACTIVITIES

Name _____

Section _____

Date _____

A. Complete the following chart.

English	Subject	Indirect object pronoun	Direct object pronoun	Verb
1. I give it to you.	Yo	te	lo / la	doy.
2. You give it to me.	Tú			
3. I give it to him.		se		
4. We give it to her.				damos.
5. They give it to us.				
6. I give it to you. (Ud.)				
7. You give it to them.	Tú			

B. Answer the following questions, using the cues provided and substituting direct object pronouns for the direct objects.

MODELO: ¿Cuándo me traes *el equipaje*? (esta tarde)
Te lo traigo esta tarde.

1. ¿Quién te compra *los billetes*? (mi hermano)

_____

2. ¿A quién le prestas *las maletas*? (a Carmen)

_____

3. ¿Quién les manda a ellos *las tarjetas*? (sus amigos)

_____

Lección 8 Workbook Activities **125**

4. ¿Quién te va a prestar *el bolso de mano*? (mi prima) *(two ways)*

_____

5. ¿Quién les manda a Uds. *el dinero*? (mi tío)

_____

6. ¿Tú puedes traerme *las sillas*? (sí) *(two ways)*

_____

C. Complete the following paragraph, using the preterit of **ser, ir,** and **dar.**

Ayer José Enrique y yo _____ a un restaurante a almorzar para celebrar su

cumpleaños. José Enrique _____ mi compañero de clase el semestre pasado.

Yo le compré un regalo *(present)* y se lo _____ en el restaurante. Por la noche

sus padres le _____ una fiesta en el Club Náutico y todos sus amigos

_____ . _____ una fiesta magnífica.

D. Complete the following dialogues, using the preterit of the verbs given.

1. servir / pedir

—¿A qué hora _____ ellos el almuerzo?

—A las doce.

—¿Qué _____ Uds.?

—Yo _____ langosta y Aurora _____ camarones.

2. dormir

—¿Cómo _____ Uds.?

—Yo _____ muy bien, pero Ana y Eva _____ muy mal.

3. conseguir

—¿Dónde _____ ellos esas copas?

—En México.

4. morir

—¿Cuántas personas _____ en el accidente?

—No _____ nadie.

5. repetir / mentir

   —Beto dice que el profesor no _____ las preguntas.

   —Beto te _____ .

E. Write the name of the season beneath each illustration, and then describe what the weather is like in each season.

_____   _____   _____   _____

1. _____ y _____ .

2. _____ y _____ .

3. _____ y _____ .

4. _____ .

Lección 8 Workbook Activities   **127**

F. Look at the pictures below and describe what is happening, using **por** or **para**.

1. _____ pasa _____ el banco.

2. El _____ es _____ María.

3. Viajamos _____ _____ .

4. Hay vuelos _____ _____ .

5. Necesito el vestido *(dress)* _____ .

6. Pago diez _____ _____ .

7. Vengo _____ _____ _____ .

8. Me dio _____ _____ comprar el _____ .

G. Complete each sentence with either **por** or **para,** as appropriate. Indicate the reason for your choice by placing the corresponding number in the blank provided before the sentence.

Uses of por	*Uses of para*
1. motion, *along*	7. destination
2. cause or motive of an action	8. goal for a point in the future
3. means, manner, unit of measure	9. whom or what something is for
4. *in exchange for*	10. *in order to*
5. period of time during which an action takes place	11. objective or goal
6. *in search of*	

_____ 1. Tenemos una sorpresa _____ Elena.

_____ 2. Pagamos cuatro dólares _____ la pluma.

_____ 3. Las chicas caminan _____ la plaza.

_____ 4. Mañana _____ la noche vamos al teatro.

_____ 5. El mozo fue a la cocina _____ el pavo relleno y el lechón.

_____ 6. Mañana te llamo _____ teléfono.

_____ 7. Necesitamos los cubiertos _____ el sábado.

_____ 8. Tengo que traer el mantel _____ poner la mesa.

_____ 9. Esa pulsera es _____ mi sobrina.

_____ 10. Carlos estudia _____ profesor.

_____ 11. No podemos dormir afuera *(outside)* _____ la lluvia.

H. ¿Cómo se dice...? Write the following dialogues in Spanish.

1. "Did Alina ask her father for money?"
   "Yes, and he gave it to her."

   _____

   _____

2. "Where did you go last night, Mr. Varela?"
   "I went to the theatre with my wife."

   _____

   _____

Lección 8 Workbook Activities   **129**

3. "Did you give a party for Octavio and Elena?"
   "Yes, yesterday was their wedding anniversary."

   _____

   _____

4. "What do you recommend (to me), Miss Vargas?"
   "I recommend (to you) the house specialty: steak and lobster."

   _____

   _____

5. "How much did he pay for the dinner?"
   "A hundred dollars, but it was a great dinner."

   _____

   _____

I. Crucigrama

Horizontal

2. Uso el _____ para comer.
4. muy bien
7. Necesito una _____ para el café.
9. Les recomiendo la _____ de la casa.
11. ¿Cómo se dice "ice cream"?
12. mesera
14. Aquí nosotros _____ platos muy ricos.
15. Quiero patatas _____ .
16. dinero que dejamos para el mozo
17. rico
20. ¿Quiere una _____ mexicana o a la española?
21. Hoy es mi _____ de bodas.
23. Ella es de Cuba. Es _____ .
25. Llueve mucho. Llueve a _____ .
26. cuchillo, cuchara y tenedor

Vertical

1. Quiero arroz con _____ .
2. Quiero una _____ de café.
3. Comemos pavo _____ .
5. Ella paga la _____ en el restaurante.
6. tipo de marisco
8. ¿Quiere vino blanco o _____ ?
10. ¿Cómo se dice "lamb"?
13. Pedimos media _____ de vino.
14. Necesito sal y _____ .
16. De _____ quiero flan.
17. Necesito el mantel y las _____ .
18. El mozo _____ el pedido.
19. Voy a pedir puré de _____ .
22. Necesito una _____ para tomar la sopa.
24. Me gusta mucho. Me _____ .

Lección 8 Workbook Activities **131**

J. ¿Qué pasa aquí? Look at the illustration and answer the following questions.

1. ¿En qué restaurante están estas personas?

_____

2. ¿Qué celebran Héctor y Viviana?

_____

3. ¿Es su segundo aniversario?

_____

4. ¿Cuánto le deja Alfredo al mozo?

_____

5. ¿Adónde quiere ir Alfredo ahora?

_____

6. ¿Con quién quiere ir?

_____

7. ¿Con quién cena Marcelo?

_____

8. ¿Qué les recomienda el mozo?

_____

9. ¿Qué pide Marcelo para tomar?

_____

10. ¿Qué va a pedir Delia?

_____

11. ¿Con quiénes cena Carlos?

_____

12. ¿Qué va a pedir Carlos de postre?

_____

13. ¿Qué va a pedir Ana?

_____

14. Mientras Ana y Carlos comen el postre, ¿qué va a hacer Beto?

_____

Lección 8 Workbook Activities

LECCIÓN 8

LABORATORY
ACTIVITIES

Name _____

Section _____

Date _____

I. PARA ESCUCHAR Y CONTESTAR

Diálogo *En un restaurante cubano*

The dialogue will be read first without pauses. Pay close attention to the speakers' intonation and pronunciation.

Hoy es el 15 de diciembre. Es el aniversario de bodas de Lidia y Jorge Torres. Van a cenar a uno de los mejores restaurantes de Miami para celebrarlo. Llegan al restaurante El Caribe.

LIDIA —¡Qué sorpresa! ¡Éste es un restaurante muy elegante!

JORGE —Y la comida es excelente.

MOZO —Por aquí, por favor. Aquí está el menú.

LIDIA —Gracias. Bistec, cordero asado con puré de papas, pavo relleno, camarones...

JORGE —¿Por qué no pides un filete? Aquí preparan unos filetes muy ricos. ¿O langosta?

LIDIA —No, anoche fui a la cena de los Ruiz y sirvieron langosta.

MOZO —Les recomiendo la especialidad de la casa: lechón asado y arroz con frijoles negros. De postre, helado, flan o torta helada.

JORGE —Yo quiero lechón asado y arroz con frijoles negros. ¿Y tú?

LIDIA —Yo quiero sopa, camarones y arroz.

MOZO —¿Y para tomar?

JORGE —Primero un vermut y después media botella de vino tinto.

MOZO —Muy bien, señores.

Antes de cenar, Lidia y Jorge toman vermut y conversan.

LIDIA —¿Tus padres fueron a la fiesta que dio Eva ayer?

JORGE —Sí. Fue en el club Los Violines.

LIDIA —¿Le dieron la pulsera que compraron para ella en México?

JORGE —Sí, se la dieron. Le encantó.

LIDIA —¿Te la enseñaron antes de dársela?

JORGE —Sí, me la enseñaron cuando fui por ellos anteayer por la tarde.

LIDIA —La consiguieron a muy buen precio en una tienda muy elegante.

El mozo trae la comida. Después de comer, Lidia y Jorge beben café. Ya son las nueve. Jorge pide la cuenta, la paga, le deja una buena propina al camarero y salen. Tienen entradas para el teatro para ver una comedia. Como llueve a cántaros, toman un taxi.

JORGE —Feliz aniversario, mi amor.

LIDIA —Feliz aniversario, querido.

Now the dialogue will be read with pauses for you to repeat what you hear. Imitate the speakers' intonation patterns.

Preguntas y respuestas

You will now hear questions about the dialogue. Answer each one, omitting the subject. The speaker will confirm your response. Repeat the correct response.

Situaciones

The speaker will present several situations based on the dialogue. Respond appropriately in Spanish to each situation. The speaker will confirm your response. Repeat the correct response. Follow the model.

> MODELO: At a restaurant, you tell your friend that the specialty of the house is roast suckling pig and rice with black beans.
> **La especialidad de la casa es lechón asado y arroz con frijoles negros.**

II. PRONUNCIACIÓN

A. The sound of the Spanish l

- Repeat each word, imitating the speaker's pronunciation.

langosta	Silvia	sólo
loco	helado	filete
capital	él	plato

- When you hear the number, read the corresponding sentence aloud. Then listen to the speaker and repeat the sentence.

1. Aníbal habla español con Isabel.
2. El coronel Maldonado asaltó con mil soldados.
3. El libro de Ángel está en el laboratorio.

B. The sound of the Spanish r

- Repeat each word, imitating the speaker's pronunciation.

teatro	ahora	tarde
dejar	Teresa	cordero
frijoles	primero	postre

- When you hear the number, read the corresponding sentence aloud. Then listen to the speaker and repeat the sentence.

1. Es preferible esperar hasta enero.
2. Carolina quiere estudiar con Darío ahora.
3. Aurora y Mirta son extranjeras.

C. The sound of the Spanish rr

- Repeat each word, imitating the speaker's pronunciation.

aburrido	Rosa	Reyes
rico	arroz	Roberto
recomendar	Raúl	relleno

Name _____ Section _____ Date _____

- When you hear the number, read the corresponding sentence aloud. Then listen to the speaker and repeat the sentence.

    1. El perro corrió en el barro.
    2. Los carros del ferrocarril parecen cigarros.
    3. Roberto y Rita recorren los terribles cerros.

D. The sound of the Spanish **z**

- Repeat each word, imitating the speaker's pronunciation.

pizarra	vez	Pérez
Zulema	zoológico	taza
lápiz	mozo	azul

- When you hear the number, read the corresponding sentence aloud. Then listen to the speaker and repeat the sentence.

    1. Zulema y el Zorro me dieron una paliza.
    2. ¡Zas! El zonzo Pérez fue al zoológico.
    3. La tiza y la taza están en el zapato.

III. ¡VAMOS A PRACTICAR!

A. Rephrase each sentence you hear by replacing the direct object with the corresponding direct object pronoun. Be sure to make any other necessary changes. The speaker will confirm your response. Repeat the correct response. Follow the model.

    MODELO: Le traen la sopa.
                     Se la traen.

B. Answer each question you hear, using direct and indirect object pronouns and the cue provided. The speaker will confirm your response. Repeat the correct response. Follow the model.

    MODELO: —¿Quién te manda el periódico? (mi hijo)
                     —Me lo manda mi hijo.

1. (mi abuela)   2. (el profesor)   3. (a mi prima)   4. (a mí)   5. (a ti)   6. (a los muchachos)

C. Rephrase each sentence you hear, changing the verb to the preterit. The speaker will confirm your response. Repeat the correct response. Follow the model.

    MODELO: Yo voy al teatro.
                     Yo fui al teatro.

D. Answer each question your hear in the negative, and then state that your friend did the things you are being asked about. The speaker will confirm your response. Repeat the correct response. Follow the model.

    MODELO: —Tú lo pediste, ¿no?
                     —No, yo no lo pedí. Lo pidió ella.

1. Tú lo conseguiste, ¿no?   3. Tú lo repetiste, ¿no?
2. Tú la serviste, ¿no?   4. Tú me seguiste, ¿no?

Lección 8 Laboratory Activities **137**

Now listen to the new model.

> MODELO: —Uds. pidieron el café, ¿no?
> —**No, nosotros no lo pedimos. Lo pidieron ellos.**

5. Uds. sirvieron la cena, ¿no?
6. Uds. repitieron la lección, ¿no?

7. Uds. siguieron al camarero, ¿no?
8. Uds. consiguieron los periódicos, ¿no?

E. Answer each question you hear, using the cue provided. Pay special attention to the use of **por** or **para** in each question. The speaker will confirm your response. Repeat the correct response. Follow the model.

> MODELO: —¿Para quién es el dinero? (Rita)
> —**El dinero es para Rita.**

1. (el lunes)   2. (avión)   3. (quince días)   4. (quinientos dólares)   5. (sí)   6. (dinero)
7. (mañana por la mañana)   8. (una pulsera)

IV. EJERCICIO DE COMPRENSIÓN

Before listening to the dialogues in this section, study the comprehension questions below. Reviewing the questions ahead of time will help you to remember key information as you listen.

1. ¿Qué le pregunta Alicia a Juan?
2. ¿Qué va a hacer Juan?
3. ¿Qué celebran Juan y su esposa?
4. ¿Adónde van después de cenar?
5. ¿Qué le pide el señor al mozo?
6. ¿Qué le recomienda el mozo al señor?
7. ¿Cuál es la especialidad de la casa?
8. ¿Qué prefiere comer el señor?
9. ¿Por qué no necesita Eva el abrigo?
10. ¿Por qué cree Ud. que ella necesita el paraguas?

Listen carefully to each dialogue and then answer the questions, omitting the subject. The speaker will confirm your response. Repeat the correct response.

V. PARA ESCUCHAR Y ESCRIBIR

Tome nota

You will hear a couple ordering food in a restaurant. First listen carefully for general comprehension. Then, as you listen for a second time, fill in the information requested.

	Señora	**Señor**
Comida	_____	_____
	_____	_____
	_____	_____
Bebida	_____	_____
	_____	_____
Postre	_____	_____
	_____	_____

Dictado

The speaker will read six sentences. Each sentence will be read twice. After the first reading, write what you heard. After the second reading, check your work and fill in what you missed.

1. _____

2. _____

3. _____

4. _____

5. _____

6. _____

Lección 8 Laboratory Activities

CHECK YOUR PROGRESS
LECCIONES 7 y 8

Name _____

Section _____

Date _____

Lección 7

A. Complete the following dialogues with the Spanish equivalent of the words in parentheses.

1. —¿Qué necesitas?

    —_____ bolso de mano y _____ mapa. (*This / that*)

2. —¿Qué vas a comprar?

    —_____ toallas y _____ jabones. (*These / those*)

3. —¿A quiénes vas a invitar?

    —A _____ chico y a _____ chicas. (*that over there / those over there*)

B. Rewrite the following sentences, substituting indirect object pronouns for the italicized words.

1. Traigo los pasajes *para ellos.*

    _____

2. Envían el dinero *para ti.*

    _____

3. Van a comprar la maleta *para mí.*

    _____

Check Your Progress (Lecciones 7 y 8)   **141**

4. Escriben la carta *para él.*

_____

5. Traen el café *para Uds.*

_____

C. Answer the following questions, using complete sentences.

1. ¿Cuánto tiempo hace que tú no viajas?

_____

2. ¿Te gusta más viajar en avión, en barco o en tren?

_____

3. ¿Adónde les gusta ir de vacaciones a tus padres?

_____

4. ¿Tú le escribes a tu mejor amigo o lo llamas por teléfono?

_____

5. ¿Le enviaste una tarjeta postal a alguien?

_____

6. ¿Recibiste muchas tarjetas de Navidad?

_____

D. Rewrite the following sentences in the preterit.

1. Yo *vuelvo* a las dos, Teresa *vuelve* a las tres y ellos *vuelven* a las siete.

_____

2. Alicia *regresa* a las siete y *habla* con la profesora.

_____

3. Tú *cierras* la puerta y *abres* las ventanas.

_____

4. Yo *llego, almuerzo* y *empiezo* a trabajar.

_____

5. Yo *estudio* y ella *lee* el periódico.

_____

Lección 8

A. Answer the following questions in the affirmative, substituting direct object pronouns for the italicized words.

1. ¿Me vas a traer *los camarones*?

_____

2. ¿Ellos te dan *el menú*?

_____

3. ¿Tú le pides *la cuenta*?

_____

4. ¿Ellos les dan *las servilletas*?

_____

B. Rewrite the following sentences in the preterit.

1. Yo voy a su casa y le doy la pulsera.

_____

2. Yo pido helado y ella pide torta.

_____

3. La fiesta es en el club y sirven champán.

_____

4. Ella no duerme bien.

_____

C. Complete the following sentences, using **por** or **para.**

1. Necesito el dinero _____ mañana _____ la tarde _____ comprar el pasaje _____ Jorge.

2. Pagamos diez dólares _____ el libro.

3. Paso _____ ti a las nueve porque tenemos que estar allí _____ dos horas.

4. Mañana salgo _____ México; voy _____ avión.

5. Ana estudia _____ profesora.

D. Write the following dialogues in Spanish.

1. "Is it very cold there?"
   "Yes, but it never snows."

   _____

   _____

2. "It's raining cats and dogs. Can you bring me the umbrella (**paraguas**)?"
   "Yes, I can bring it to you, Ma'am."

   _____

   _____

E. Write a brief "review" of your favorite restaurant. Give its name and location, and describe the specialty of the house and the dishes, including desserts, that you like the most. Be sure to mention whether the restaurant accepts credit cards.

   _____

   _____

   _____

   _____

   _____

   _____

   _____

   _____

LECCIÓN 9

WORKBOOK
ACTIVITIES

Name _____

Section _____

Date _____

A. Rewrite the following paragraph twice, changing the subject **yo** first to **tú,** and then to **él.**

Yo me despierto a las seis de la mañana y *me levanto* a las seis y cuarto. *Me baño, me afeito* y *me visto.* A las siete y media *me voy* a trabajar. *Trabajo* hasta las cinco, y luego *vuelvo* a casa. No *me preocupo* si *llego* tarde. *Leo* un rato y luego *como* con mi familia. Siempre *me acuesto* a las diez y media.

1. Tú _____

_____

_____

_____

_____

_____

2. Él _____

_____

_____

_____

_____

_____

B. REVIEW OF PERSONAL PRONOUNS.

Complete the following dialogues, using the appropriate personal pronouns.

1. —Alicia, ¿_____ quieres ir a la peluquería hoy?

   —No, _____ estoy muy ocupada hoy. Teresa puede ir con_____ .

   —_____ voy a llamar por teléfono y _____ voy a preguntar si puedo ir

   con_____ .

2. —¿A qué hora _____ levantaron Uds. hoy?

   —_____ levantamos a las seis. ¿Y tú?

   —_____ _____ levanté a las ocho.

   —¿_____ escribiste a tus padres hoy?

   —No, pero _____ llamé por teléfono.

3. —¿Para quién es el regalo? ¿Es para mí?

   —Sí, es para _____ . ¿_____ gusta?

   —Sí, _____ gusta mucho. Gracias. Oye, ¿a quién _____ vas a dar el reloj?

   —_____ _____ voy a dar a mi hermano.

   —_____ va a gustar mucho.

4. —¿A Ud. _____ gusta esta alfombra, señora?

   —Sí, pero no _____ voy a comprar, porque es muy cara. Yo _____ tengo que mandar

   dinero a mi hijo.

   —¿Dondé está _____ ?

   —En Jalisco.

5. —¿Quién _____ va a llevar a Uds. a la fiesta?

   —_____ va a llevar Carmen. Oye, ¿_____ llamó Hugo hoy? Quiere hablar contigo.

   —Sí, _____ llamó esta mañana. _____ voy a ver esta noche.

C. Complete the following sentences with the Spanish equivalent of the words in parentheses.

1. La peluquera me va a cortar _____ . *(my hair)*

2. _____ es más importante que _____ . *(liberty / money)*

3. Ella dice que _____ son más inteligentes que _____ . *(women / men)*

4. Ellas se van a poner _____ . *(their white dresses)*

5. Tienes que lavarte _____ . *(your hair)*

6. No me gusta _____ ; prefiero _____ . *(wine / soft drinks)*

D. Complete the following sentences with possessive pronouns. Remember that each pronoun must agree with the subject.

    MODELO: *Ella* dice que los libros son...
                    Ella dice que los libros son *suyos*.

1. Elvira dice que la aspiradora es _____ .

2. María dice que ese rizador es _____ .

3. Yo digo que esos bolsos son _____ .

4. Mis tíos dicen que las máquinas de afeitar son _____ .

5. Tú dices que el cepillo es _____ .

6. Nosotros decimos que la crema de afeitar es _____ .

7. Uds. dicen que las escobas son _____ .

8. Mi sobrina dice que el espejo es _____ .

9. Yo digo que la revista es _____ .

10. Nosotros decimos que las carteras son _____ .

E. Complete the following sentences with the Spanish equivalent of the words in parentheses.

1. Mi pasaje está aquí. ¿Dónde está _____ *(yours)*, Anita?

2. Las maletas de Jorge son azules. _____ *(Mine)* son verdes.

3. La casa de Olga queda lejos, pero _____ *(his)* queda muy cerca.

4. Los hermanos de Graciela viven en California. _____ *(Mine)* viven en Colorado.

5. La profesora de ellos es de Chile. _____ *(Ours)* es de Cuba.

6. Éste es mi asiento. ¿Cuál es _____ *(yours)*, Sr. Mendoza?

F. Rewrite the following sentences, changing the verbs from the present indicative to the preterit.

1. Uds. *traen* la alfombra y la *ponen* en el apartamento.

   _____

2. ¿Qué *haces* el sábado? ¿*Vienes* a la peluquería?

   _____

3. No *puedo* ir a la barbería porque no *tengo* tiempo.

   _____

4. Elsa no *está* en la farmacia. ¿Y dónde *están* ellos?

   _____

5. Nosotros no lo *sabemos*.

   _____

6. ¿Qué le *dicen* ellos al peluquero? ¿Y qué le *dices* tú?

   _____

7. ¿Ud. no *puede* o no *quiere* pedir turno?

   _____

8. Rubén *conduce* mi coche y ellos *conducen* el coche de Tito.

   _____

9. Ramiro no *hace* la comida porque no *tiene* tiempo.

   _____

10. Ellos *traducen* todas las lecciones al inglés.

    _____

G. Read the following soccer standings and use ordinal numbers to identify how each team finished the season.

FÚTBOL 1998 PRIMERA DIVISIÓN

Fútbol Club Barcelona	Sporting de Gijón	Zaragoza	Burgos
Real Madrid	Sevilla	Oviedo	Albacete
Valencia	Atlético de Bilbao		

1. Burgos _____
6. Fútbol Club Barcelona _____

2. Sporting de Gijón _____
7. Oviedo _____

3. Sevilla _____
8. Real Madrid _____

4. Valencia _____
9. Albacete _____

5. Atlético de Bilbao _____
10. Zaragoza _____

H. ¿Cómo se dice...? Write the following dialogues in Spanish.

1. "What time did you get up today, Miss Paz?"
   "I got up at seven, bathed, got dressed, and went to the beauty parlor."

   _____

   _____

   _____

2. "I left my purse on the counter. Where did you leave yours, Ester?"
   "I left mine in my car."

   _____

   _____

   _____

3. "What did you do, Sandra?"
   "First, I washed my hair and then I had to iron my red dress."

   _____

   _____

4. "Did you wash your hands, Tito?"
   "Yes, I washed them."

   _____

   _____

5. "I have to wake up at five o'clock tomorrow."
   "Then you have to go to bed early." (tú *form*)
   "Yes, but first I'm going to put my daughter to bed."

   _____

   _____

   _____

I. Crucigrama

Horizontal

3. Yo me hago rizos con el _____ .
5. opuesto de **dormirse**
9. Yo me miro en el _____ .
11. Voy a _____ la sopa para ver si tiene suficiente sal.
12. Mañana es su cumpleaños. Le voy a comprar un _____ .
13. opuesto de **tarde**
16. Le voy a pasar la _____ a la alfombra.
18. salón de belleza
20. Necesitamos una escoba para hacer esto.
22. Ella no va a la fiesta porque no está _____ .
23. Lo usan las mujeres.
25. opuesto de **acostarse**
27. ¿Cómo se dice *"hair dryer"*?
28. El pelo corto está de _____ .
30. El vestido me _____ muy bien.
31. opuesto de **empezar**
32. Ella se _____ Teresa Fuentes.
33. No tiene rizos; tiene el pelo _____ .

Vertical

1. ¿Cómo se dice *"to fall asleep"*?
2. opuesto de **ponerse**
3. *Time* es una _____ muy buena.
4. personas
6. opuesto de **olvidarse**
7. Los hombres pueden ir a una peluquería o a una _____ .
8. cita
9. ¿Compraste las _____ para el teatro?
10. lugar donde cocinamos
14. siete días
15. lugar donde ponemos las medicinas
17. ¿Cómo se dice *"to put on"*?
18. Snoopy es un _____ muy simpático.
19. opuesto de **vestirse**
20. Necesito el jabón y la toalla para _____ .
21. No puede afeitarse porque no tiene la _____ de afeitar.
24. Si quieres comprar el vestido, tienes que _____ primero.
26. dar un regalo
29. opuesto de **mañana**

J. **¿Qué pasa aquí?** Look at the illustrations and answer the following questions.

1. ¿Nora se levantó tarde o temprano?

_____

2. ¿A Nora le gusta levantarse temprano?

_____

3. ¿Nora se bañó o se duchó?

_____

4. ¿Con qué champú se lavó la cabeza?

_____

5. ¿A qué tienda fue Nora?

_____

6. ¿Qué le compró Nora a su tía?

_____

7. ¿A qué hora volvió Nora a su casa?

_____

8. ¿Qué compró Nora además del regalo?

_____

9. ¿Para qué llamó Nora a la peluquería?

_____

10. ¿Con quién almorzó Nora?

_____

11. ¿A Nora le gustan los rizos?

_____

12. ¿A qué hora fue Nora a la peluquería?

_____

13. ¿Nora barrió la alfombra?

_____

14. ¿Cómo se llama el perro de Nora?

_____

15. ¿Para qué fue Nora a la casa de su tía Rosa?

_____

16. ¿A qué hora se acostó Nora?

_____

PARA LEER

Todos los días...

Yo siempre me levanto temprano porque tengo que estar en la universidad a
las ocho de la mañana. Me despierto a las seis y media, y después de bañarme,
afeitarme y vestirme, desayuno. Me siento en la cocina y estudio, y salgo para
la universidad a las siete y media. No llego tarde porque mi profesor de
matemáticas es muy estricto.

    Tengo clases todas las mañanas, y por la tarde voy a la biblioteca a
estudiar. A veces° me duermo leyendo algunos de mis libros.   *At times*

    Vuelvo a casa a las cinco. Me desvisto, me quito los zapatos y duermo un
rato.° Cocino algo para la cena, estudio o hago mi tarea y luego miro las   *a while*
noticias.° Me acuesto a las once y media.   *news*

    Los fines de semana, mis amigos y yo generalmente vamos a un club
porque nos gusta mucho bailar.

¡Conteste!

1. ¿Por qué me levanto siempre temprano? (**tú** *form*)

_____

2. ¿A qué hora me despierto?

_____

3. ¿Qué hago después de bañarme, afeitarme y vestirme?

_____

4. ¿Qué hago en la cocina?

_____

    Lección 9 Workbook Activities   **153**

5. ¿A qué hora salgo para la universidad?

_____

6. ¿Por qué no llego tarde?

_____

7. ¿Cuándo tengo clase?

_____

8. ¿Qué hago por la tarde?

_____

9. ¿Qué hago en la biblioteca?

_____

10. ¿A qué hora vuelvo a casa?

_____

11. ¿Qué hago cuando vuelvo a casa?

_____

12. ¿Qué hago después de dormir un rato?

_____

13. ¿A qué hora me acuesto?

_____

14. ¿Adónde voy generalmente los fines de semana? ¿Por qué?

_____

LECCIÓN 9

LABORATORY
ACTIVITIES

Name _____

Section _____

Date _____

I. PARA ESCUCHAR Y CONTESTAR

Diálogo: *Un día muy ocupado*

The dialogue will be read first without pauses. Pay close attention to the speakers' intonation and pronunciation.

Aunque hoy es sábado, Mirta e Isabel se levantaron temprano para terminar de limpiar el apartamento. Esta noche, las dos chicas están invitadas a un concierto en la Casa de Cultura Paraguaya. Isabel está un poco cansada porque anoche se acostó tarde.

MIRTA —¿Por qué viniste tan tarde anoche? ¿Dónde estuviste?

ISABEL —En la tienda. Tuve que comprar un regalo para Eva porque mañana es su cumpleaños. Bueno, ¿empezamos a limpiar?

MIRTA —Sí, yo voy a barrer la cocina y le voy a pasar la aspiradora a la alfombra.

ISABEL —Entonces yo voy a limpiar el baño. Después voy a cocinar y a planchar mi vestido rojo. Me lo voy a poner esta noche.

MIRTA —Yo no sé qué ponerme.

ISABEL —¿Por qué no te pones el vestido azul? Es muy bonito.

MIRTA —No, me lo probé ayer y no me queda bien. ¡Ah! ¿Dónde está la palita?

ISABEL —En la terraza. ¡Ay! Necesito bañar al perro, ducharme y vestirme... ¡Y tengo turno en la peluquería a las tres!

MIRTA —Yo quiero lavarme la cabeza y no me acordé de comprar champú. ¿Puedo usar el tuyo?

ISABEL —Sí, está en el botiquín.

MIRTA —Gracias. Yo no pude ir a la farmacia ayer.

Cuando llegó a la peluquería, Isabel le pidió una revista al peluquero y se sentó a esperar su turno.

ISABEL —Quiero corte, lavado y peinado.

PELUQUERO —Tiene el pelo muy lacio. ¿No quiere una permanente?

ISABEL —No, cuando quiero rizos, uso el rizador. ¡Ay, tengo el pelo muy largo!

PELUQUERO — Ahora está de moda el pelo corto.

ISABEL —¡Muy bien! Ahora quiero pedir turno para mi amiga para la semana próxima.

PELUQUERO —¿El miércoles, primero de febrero, a las nueve y media? Generalmente hay menos gente por la mañana.

ISABEL —Está bien. Mi amiga se llama Mirta Ortega.

Isabel deja la cartera en el mostrador. El peluquero la llama.

PELUQUERO —¡Señorita! ¿Esta cartera es suya?

ISABEL —Sí, es mía. Gracias.

Lección 9 Laboratory Activities **155**

Preguntas y respuestas

You will now hear questions about the dialogue. Answer each one, omitting the subject. The speaker will confirm your response. Repeat the correct response.

Situaciones

The speaker will present several situations based on the dialogue. Respond appropriately in Spanish to each situation. The speaker will confirm your response. Repeat the correct response. Follow the model.

MODELO: You tell your roommate that you cleaned the kitchen.
Limpié la cocina.

II. PRONUNCIACIÓN

A. Declarative statements

- Repeat each sentence, imitating the speaker's intonation.

1. Yo compré el regalo para Elena.

2. Mario tiene listo el equipaje.

3. Yo tengo turno en la barbería.

4. Necesitamos el dinero para el pasaje.

5. Yo pienso aprender japonés este verano.

B. Information questions

- Repeat each sentence, imitating the speaker's intonation.

1. ¿Cómo está tu hermano?

2. ¿Por qué no fuiste con nosotros?

3. ¿Cuánto tiempo hace que no comes?

4. ¿Dónde pasaron el verano?

5. ¿Cuántos años hace que estudias?

C. Yes/no questions

- Repeat each sentence, imitating the speaker's intonation.

1. ¿Fuiste al mercado ayer?

2. ¿Tienes listo el equipaje?

3. ¿Le diste el regalo a Elena?

4. ¿Tienes turno para la peluquería?

5. ¿Necesitas dinero para el pasaje?

D. Exclamations

- Repeat each sentence, imitating the speaker's intonation.

1. ¡Qué bonita es esa alfombra!

2. ¡No compré el regalo para Elena!

3. ¡Qué bueno es este champú!

4. ¡Cuánto te quiero!

III. ¡VAMOS A PRACTICAR!

A. Answer the following questions, using the cues provided. The speaker will confirm your response. Repeat the correct response. Follow the model.

> MODELO: —¿A qué hora te levantas tú generalmente? (a las seis)
> —**Generalmente me levanto a las seis.**

1. (a las ocho)   2. (a las once)   3. (por la mañana)   4. (sí)   5. (ducharme)
6. (con el champú Pantene)   7. (no)

B. Answer each question you hear in the affirmative, paying special attention to the use of the definite article. The speaker will confirm your response. Repeat the correct response. Follow the model.

> MODELO: —¿Te vas a lavar la cabeza?
> —**Sí, me voy a lavar la cabeza.**

C. Answer each question you hear in the negative, using the appropriate possessive pronoun. The speaker will confirm your response. Repeat the correct response. Follow the model.

> MODELO: —¿Este libro es tuyo?
> —**No, no es mío.**

D. Answer the following questions, using the cues provided. Substitute direct object pronouns for the direct objects when possible. The speaker will confirm your response. Repeat the correct response. Follow the model.

> MODELO: —¿Quién tradujo la lección? (ellos)
> —**Ellos la tradujeron.**

1. (yo)   2. (en el botiquín)   3. (conmigo)   4. (nosotros)   5. (no)   6. (en la peluquería)
7. (sí)   8. (Estela)   9. (nada)   10. (en la barbería)

E. You will hear nine cardinal numbers. After each one, give the corresponding ordinal number. The speaker will confirm your response. Repeat the correct response. Follow the model.

> MODELO: cinco
> **quinto**

IV. EJERCICIO DE COMPRENSIÓN

Before listening to the dialogues in this section, study the comprehension questions below. Reviewing the questions ahead of time will help you to remember key information as you listen.

1. ¿A qué hora se levantó Celia hoy?
2. ¿Por qué se levantó tan tarde?
3. ¿Le pasó la aspiradora a la alfombra?
4. ¿Qué barrió?
5. ¿Por qué no se lavó la cabeza Susana?
6. ¿Dónde está el champú que compró Elsa?
7. ¿Cuándo va a ir Susana a la peluquería?
8. ¿A qué hora tiene turno?
9. ¿Cuándo es el cumpleaños de Oscar?
10. ¿Lucía le trajo el regalo?
11. ¿Lucía pudo comprar el regalo?
12. ¿Qué tuvo que hacer Lucía ayer?

Listen carefully to each dialogue and then answer the questions, omitting the subject and replacing direct and indirect objects with the appropriate pronouns. The speaker will confirm your response. Repeat the correct response.

V. PARA ESCUCHAR Y ESCRIBIR

Tome nota

You will hear a dialogue in which Delia and her husband, Mario, discuss household chores. First listen carefully for general comprehension. Then, as you listen for a second time, list the chores that each one is going to do.

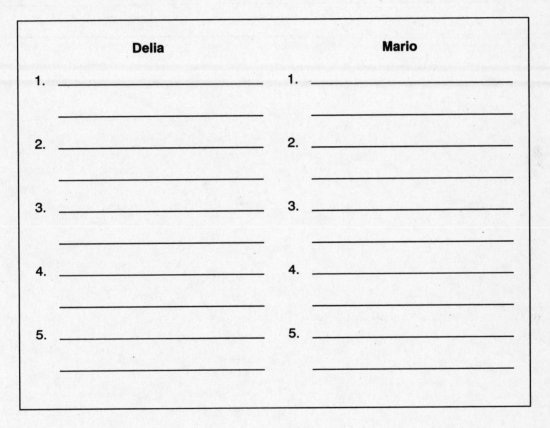

Dictado

The speaker will read six sentences. Each sentence will be read twice. After the first reading, write what you heard. After the second reading, check your work and fill in what you missed.

1. _____

2. _____

3. _____

4. _____

5. _____

6. _____

REPASO
LECCIONES 1–9

Name _____

Section _____

Date _____

The speaker will ask you some questions. Answer each one, using the cue provided. The speaker will confirm your response. Repeat the correct response.

1. (de los Estados Unidos)
2. (en la calle Magnolia)
3. (no, lejos)
4. (cuatro meses)
5. (el español)
6. (no)
7. (en la universidad)
8. (sí)
9. (por la noche)
10. (dos)
11. (no)
12. (no)
13. (inglés y español)
14. (no)
15. (sí, un hermano y una hermana)
16. (mayor)
17. (el 20 de junio)
18. (a las seis)
19. (por la mañana)
20. (a las siete y cuarto)

21. (a las ocho)
22. (en la cafetería)
23. (a las seis)
24. (sí)
25. (a un restaurante)
26. (bistec, sopa y ensalada)
27. (vino y café)
28. (no)
29. (diez dólares)
30. (a las doce)
31. (nada)
32. (sí)
33. (a España)
34. (en clase turista)
35. (con mi familia)
36. (tres)
37. (sí)
38. (a México)
39. (sí, mucho)
40. (en avión)

LECCIÓN 10

WORKBOOK ACTIVITIES

Name _____

Section _____

Date _____

A. Form adverbs from the following adjectives.

1. fácil _____

2. rápido _____

3. lento y claro _____

4. horrible _____

5. feliz _____

B. Complete the following chart with the corresponding forms of the imperfect.

Infinitive	yo	tú	Ud., él, ella	nosotros	Uds., ellos, ellas
1. prestar					
2.	terminaba				
3.		devolvías			
4.			nadaba		
5.				leíamos	
6.					salían

C. Complete the following sentences according to each new subject.

Cuando yo era niño, iba a la playa y los veía.

1. Cuando tú _____ niño, _____ a la playa y los _____ .

2. Cuando Luis _____ niño, _____ a la playa y los _____ .

3. Cuando él y yo _____ niños, _____ a la playa y los _____ .

4. Cuando ellos _____ niños, _____ a la playa y los _____ .

Lección 10 Workbook Activities **163**

D. Complete the following paragraph, using the imperfect of the verbs in parentheses.

Cuando mi hermano y yo _____ (ser) niños, _____ (vivir)

cerca de la playa y todos los fines de semana _____ (ir) a nadar. Nos

_____ (gustar) mucho pescar y montar a caballo. Siempre

_____ (divertirse) mucho; nunca _____ (aburrirse). Nuestros

abuelos _____ (vivir) lejos y nosotros no los _____ (ver) a

menudo *(often)*, pero los _____ (visitar) todos los veranos. Siempre

_____ (comer) mucho porque mi abuela _____ (cocinar)

muy bien. Nuestro padre _____ (viajar) mucho y siempre nos

_____ (traer) regalos cuando _____ (volver) de sus viajes.

E. Complete each sentence with the preterit or the imperfect of the verbs in parentheses.

1. Yo (ir) _____ a la piscina anoche. *(reporting an act viewed as completed)*

2. Yo (ir) _____ a la piscina cuando (ver) _____ a José. (**ir:** *describing an action*

   in progress in the past; **ver:** *reporting an action viewed as completed)*

3. Ayer ella (estar) _____ muy enferma todo el día. *(summing up a condition viewed as a*

   whole)

4. Ella (estar) _____ muy cansada. *(describing a condition in the past)*

5. Yo (ir) _____ a la cabaña el sábado pasado. *(reporting an act viewed as completed)*

6. Yo (ir) _____ a la cabaña todos los sábados. *(indicating a habitual action)*

7. Susana (decir) _____ que (necesitar) _____ un traje de baño. (**decir:** *reporting*

   an act viewed as completed; **necesitar:** *indirect discourse)*

8. (Ser) _____ las nueve de la noche cuando él (llegar) _____ anoche. (**ser:** *time in*

   the past; **llegar:** *reporting an act viewed as completed)*

F. Complete the following paragraph, using the preterit or the imperfect of the verbs in parentheses.

Cuando yo _____ (ser) niña, yo _____ (vivir) en

Montevideo. Todos los fines de semana mi familia y yo _____ (ir) a la playa. Un año mis padres _____ (decidir) ir a Bariloche. Yo no _____

(saber) esquiar, pero mi papá me _____ (decir) que _____

(ser) muy fácil. En dos días yo _____ (aprender) a esquiar y

_____ (divertirse) mucho.

El año pasado mis amigos y yo _____ (ir) a acampar cerca de un lago y

_____ (estar) allí por una semana.

G. Complete each sentence with the preterit or the imperfect of the verb in parentheses.

1. Nosotros los (conocer) _____ ayer. *(met)*

2. Yo (conocer) _____ a ese doctor. *(knew)*

3. Ellas lo (saber) _____ anoche. *(found out)*

4. Tú ya lo (saber) _____ . *(knew)*

5. Mi mamá no (querer) _____ venir. *(refused)*

6. Él no (querer) _____ venir, pero… *(didn't want to)*

H. ¿Cómo se dice...? Write the following dialogues in Spanish.

1. "We are going to camp near the lake."
   "Are you going to swim?"
   "Yes, I plan to take my bathing suit."

   _____

   _____

   _____

2. "We used to have a good time when we were children."
   "Yes, we used to go on vacation to the beach and to the mountains."
   "We used to go fishing every weekend."

   _____

   _____

   _____

3. "Didn't she know that David was married?"
   "No, she found out last night when she met his wife."

   _____

   _____

4. "I didn't come to class because I had to work."
   "I couldn't come either. I was at the hospital all afternoon."
   "What did you tell the teacher?"
   "I told him that my grandmother was sick."

   _____

   _____

   _____

   _____

I. Crucigrama

Horizontal

2. El Pacífico es un _____ .
4. ¿Cómo se dice "lifeguard"?
7. opuesto de irse
8. Él está _____ en la silla.
9. Algo que causa horror es _____ .
10. El Sahara es un _____ .
12. Voy de vacaciones mañana. Tengo que hacer las _____ .
15. ¿Cómo se dice "punishment"?
19. Para nadar necesito el _____ de baño.
20. opuesto de divertirse
21. opuesto de ciudad
22. clase de pescado
24. opuesto de norte
26. No es un río; es un _____ .
27. hacer planes
28. Me costó un _____ de la cara.
30. opuesto de aprender
31. ¿Qué hacemos? Tenemos que ponernos de _____ .
33. Me gusta _____ a caballo.
34. El Mississippi es un _____ .

Vertical

1. quedarse en un hotel
3. Él es de Santiago, es _____ .
5. No compramos la cabaña; la _____ .
6. Yo no sé montar en _____ .
11. Traje unos folletos _____ .
13. Me gustan las actividades al aire _____ .
14. alberca
16. Me enseña a esquiar. Es mi _____ .
17. Para acampar, necesito la tienda de _____ .
18. Si vas de pesca, necesitas la caña de _____ .
23. no decir algo en serio
25. No habla lentamente; habla _____ .
29. Nosotros _____ en la piscina.
32. opuesto de este

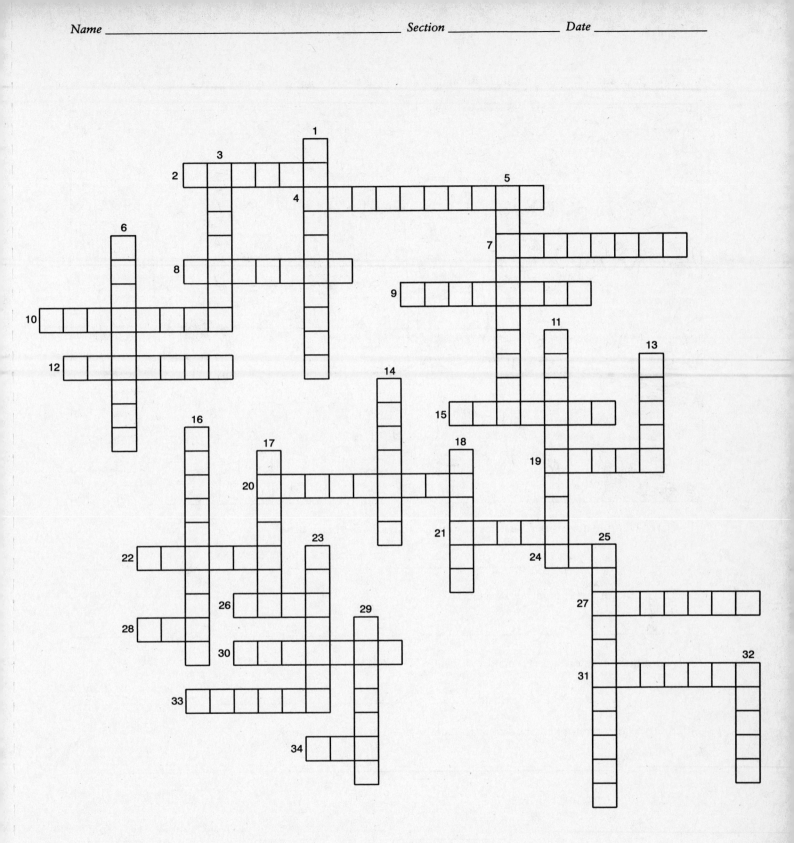

Lección 10 Workbook Activities   **167**

J. ¿Qué pasa aquí? Look at the illustration and answer the following questions.

1. ¿Cree Ud. que a estas personas les gustan las actividades al aire libre?

   _____

2. ¿Fernando quiere montar en bicicleta?

   _____

3. ¿Para qué va a necesitar Fernando un rifle?

   _____

4. Ana y Darío están planeando sus vacaciones. ¿Qué problema tienen?

   _____

5. ¿Qué no le gusta hacer a Ana?

   _____

6. ¿Qué prefiere hacer?

   _____

7. ¿Darío quiere ir a un hotel o prefiere acampar?

_____

8. ¿Qué van a necesitar Ana y Darío si piensan acampar?

_____

9. ¿Qué cree Ud. que le gusta a Jorge?

_____

10. ¿Cree Ud. que Jorge se va a divertir o se va a aburrir durante sus vacaciones?

_____

11. ¿Ud. cree que Olga y Luis van a pasar sus vacaciones en Arizona o en Vermont?

_____

12. ¿Olga y Luis van a ir a un hotel?

_____

Lección 10 Workbook Activities

LECCIÓN 10

LABORATORY ACTIVITIES

Name _____

Section _____

Date _____

I. PARA ESCUCHAR Y CONTESTAR

Diálogo: *Planes de vacaciones*

The dialogue will be read first without pauses. Pay close attention to the speakers' intonation and pronunciation.

Marisa y Nora, dos chicas chilenas que viven en Buenos Aires, están sentadas en un café de la Avenida de Mayo. Están planeando sus vacaciones de verano, pero no pueden ponerse de acuerdo porque a Nora le gustan las actividades al aire libre y Marisa las odia.

MARISA —Traje unos folletos turísticos sobre excursiones a Punta del Este para mostrártelos.

NORA —Yo estuve allí el año pasado. Me gustó mucho la playa, pero había demasiada gente.

MARISA —Cuando yo era niña mi familia y yo siempre íbamos de vacaciones a Montevideo o a Río de Janeiro.

NORA —Nosotros generalmente íbamos al campo o a las montañas. Acampábamos, montábamos a caballo y en bicicleta, pescábamos truchas en un lago...

MARISA —¡Qué horrible! Para mí, dormir en una tienda de campaña en un saco de dormir es como un castigo.

NORA —¿Pues sabes lo que yo hice ayer? Compré una caña de pescar para ir de pesca contigo.

MARISA —Tengo una idea. Podemos hospedarnos en el Hotel del Lago y tú puedes pescar mientras yo nado en la piscina.

NORA —¿Por qué no alquilamos una cabaña en las montañas por unos días? Te vas a divertir...

MARISA —El año pasado me quedé en una cabaña con mi familia y me aburrí horriblemente. Mi mamá me dijo que yo no sabía apreciar la naturaleza.

NORA —Eso pasó porque yo no estaba allí para enseñarte a pescar.

MARISA —¡Por suerte! Oye, en serio, tenemos que ir a la playa porque mi traje de baño me costó un ojo de la cara.

NORA —Yo también quería comprarme uno pero, desafortunadamente, no pude ir a la tienda.

MARISA —Voy contigo a comprarlo si salimos para Punta del Este el sábado.

NORA —Está bien, pero en julio vamos a Bariloche a esquiar.

MARISA —Yo no sabía que te gustaba esquiar.

NORA —Sí, aprendí a esquiar el año pasado. Allí conocí a Gustavo, que era uno de los instructores.

MARISA —¡Con razón quieres volver! Bueno, vamos a la tienda y luego hacemos las maletas.

Las chicas fueron de compras y cuando por fin llegaron a su casa ya eran las ocho de la noche.

Now the dialogue will be read with pauses for you to repeat what you hear. Imitate the speakers' intonation patterns.

Lección 10 Laboratory Activities **171**

Preguntas y respuestas

You will now hear questions about the dialogue. Answer each one, omitting the subject. The speaker will confirm your response. Repeat the correct response.

Situaciones

The speaker will present several situations based on the dialogue. Respond appropriately in Spanish to each situation. The speaker will confirm your response. Repeat the correct response. Follow the model.

> MODELO: You ask a friend if she likes to ride a bicycle.
> **¿Te gusta montar en bicicleta?**

II. PRONUNCIACIÓN

- When you hear the number, read the corresponding sentence aloud. Then listen to the speaker and repeat the sentence.

1. Están planeando sus vacaciones de verano.
2. Traje unos folletos turísticos sobre excursiones.
3. Siempre íbamos de vacaciones a Montevideo.
4. ¿Sabes lo que yo hice ayer?
5. Tú puedes pescar mientras yo nado en la piscina.
6. Te vas a divertir.
7. Mi traje de baño me costó un ojo de la cara.
8. Yo también quería comprarme uno.
9. Gustavo era uno de los instructores.
10. Con razón quieres volver.

III. ¡VAMOS A PRACTICAR!

A. Change the following adjectives to their corresponding adverbs. Remember that if the adjective ends in -o, you must first change the -o to -a. The speaker will confirm your response. Repeat the correct response. Follow the model.

> MODELO: fácil
> **fácilmente**

B. Repeat each sentence you hear, changing the verb to the imperfect tense. The speaker will confirm your response. Repeat the correct response. Follow the model.

> MODELO: ¿Tú trabajas?
> **¿Tú trabajabas?**

C. The speaker will ask several questions. Pay close attention to the use of the preterit or the imperfect in each question and respond in the appropriate tense, using the cue provided. The speaker will confirm your response. Repeat the correct response. Follow the model.

> MODELO: —¿Qué hora era? (las ocho)
> —**Eran las ocho.**

1. (a las doce)   2. (pescar)   3. (en México)   4. (a las cuatro)   5. (sí)
6. (un traje de baño)   7. (a la tienda)   8. (ocho años)   9. (a la playa)

D. Answer each question you hear, using the model as a guide. The speaker will confirm your response. Repeat the correct response.

> MODELOS: 1.   —¿No conocías al doctor Rodríguez?
> —**No, lo conocí esta mañana.**
>
> 2.   —¿Sabían Uds. que él era casado?
> —**Lo supimos anoche.**
>
> 3.   —¿No dijiste que podías venir?
> —**Sí, pero no quise.**

IV. EJERCICIO DE COMPRENSIÓN

Before listening to the dialogues in this section, study the comprehension questions below. Reviewing the questions ahead of time will help you to remember key information as you listen.

1. ¿Qué le pregunta Rosa a Héctor?
2. ¿Qué quiere hacer Héctor?
3. ¿Adónde quiere ir Rosa?
4. ¿Por qué no le gusta la playa a Héctor?
5. ¿Qué problema tienen Rosa y Héctor?
6. ¿Adónde van a ir Olga y su familia de vacaciones?
7. ¿Adónde iba Gloria cuando era niña?
8. ¿Cuánto tiempo hace que Olga no va a las montañas?
9. ¿Olga y su familia van a acampar o van a ir a un hotel?
10. ¿Qué le pide Olga a Gloria?
11. ¿Cuándo se lo va a traer Gloria?
12. ¿Qué va a hacer Ernesto este fin de semana?
13. ¿Por qué no necesita la caña de pescar de Tito?
14. ¿Por qué no puede ir Tito con Ernesto?
15. ¿Adónde van a ir después?

Listen carefully to each dialogue and then answer the questions, omitting the subject. The speaker will confirm your response. Repeat the correct response.

Lección 10 Laboratory Activities   **173**

V. PARA ESCUCHAR Y ESCRIBIR

Tome nota

You will hear two radio commercials for package tours to Mexico and Spain. First listen carefully for general comprehension. Then, as you listen for a second time, fill in the information requested.

Agencia Miramar

_____

Lugares que se visitan:_____

La excursión sale de: _____

Día(s) de salida:_____

Hora de salida: _____

Incluido en el precio: _____

Hotel(es):_____

_____

Aerolínea Iberia

_____

Lugares que se visitan:_____

La excursión sale de: _____

Día(s) de salida:_____

Hora de salida: _____

Incluido en el precio: _____

Hotel(es):_____

Dictado

The speaker will read six sentences. Each sentence will be read twice. After the first reading, write what you heard. After the second reading, check your work and fill in what you missed.

1. _____

2. _____

3. _____

4. _____

5. _____

6. _____

CHECK YOUR PROGRESS
LECCIONES 9 y 10

Name _____

Section _____

Date _____

Lección 9

A. Complete the following dialogues with the Spanish equivalent of the words in parentheses.

1. —¿A qué hora _____ Uds.? *(do you get up)*

   —Yo _____ a las seis y Gustavo _____ a las seis y media.

   (get up/gets up)

   —¿Tú _____ por la mañana o por la noche? *(Do you bathe)*

   —Por la mañana.

2. —¿A qué hora _____ Uds. anoche? *(did you go to bed)*

   —_____ a las once. *(We went to bed)*

B. Answer the following questions, using complete sentences.

1. ¿Cómo te sientes hoy?

   _____

2. ¿A qué hora te gusta levantarte los fines de semana?

   _____

3. ¿Te acuestas más tarde los sábados?

   _____

4. ¿Vas a la iglesia los domingos?

   _____

Check Your Progress (Lecciones 9 y 10)

5. En la clase, ¿te sientas cerca de la puerta?

_____

6. ¿Te duermes a veces *(sometimes)* cuando manejas?

_____

7. ¿Te quitas la chaqueta *(jacket)* cuando llegas a tu casa?

_____

8. ¿Qué champú usas para lavarte la cabeza?

_____

C. Complete the following dialogue with the Spanish equivalent of the words in parentheses.

—¿Dónde _____ *(were)* tú y Alicia ayer?

—Ella _____ *(was)* en la biblioteca y yo _____ *(had)* que

trabajar. ¿Y tú? ¿Qué _____ *(did you do)*?

—_____ *(I came)* a la universidad y le _____ *(brought)* unos

periódicos al profesor. Los _____ *(put)* en su escritorio, pero no

_____ *(was able)* hablar con él.

—¿_____ *(Did you drive)* el coche de tu mamá?

—No... le pedí permiso, pero ella _____ *(said)* que no.

Lección 10

A. Complete the following sentences with an appropriate adverb.

1. Traje estos folletos _____ para ti.

2. _____ voy a la playa los domingos.

3. Ellos bailan _____ .

4. Nosotros hablamos _____ y _____ .

B. Complete the following sentences with the imperfect or the preterit of the verbs in parentheses.

1. Yo no _____ (saber) que nosotros _____ (tener) un examen

   hoy. Lo _____ (saber) esta mañana.

2. Cuando Eva _____ (ser) niña, siempre _____ (venir) a nuestra

   casa y _____ (estudiar) con nosotros.

3. —¿_____ (Ir) tú a la fiesta de Oscar?

   —Sí, yo no _____ (querer) ir, pero _____ (tener) que ir para

   llevar a Marta.

4. _____ (Ser) las cinco de la tarde cuando yo _____ (llegar) a

   casa ayer.

5. Ellos no _____ (conocer) a mi esposo. Lo _____ (conocer)

   ayer.

C. Answer the following questions, using complete sentences.

1. ¿Dónde vivías cuando tenías diez años?

   _____

2. Cuando eras chico(-a), ¿veías a tus abuelos frecuentemente?

   _____

3. Cuando eras niño(-a), ¿a qué hora te acostabas generalmente?

   _____

4. ¿Dónde conociste a tu mejor amigo(-a)?

   _____

5. ¿Cómo era tu primer(-a) novio(-a)?

   _____

6. ¿Cuántas horas estudiaste ayer?

   _____

Check Your Progress (Lecciones 9 y 10)

7. Cuando saliste de tu casa ayer, ¿qué tiempo hacía?

_____

8. ¿Dónde cenaste anoche?

_____

9. ¿Qué hora era cuando llegaste a tu casa ayer?

_____

10. ¿A qué hora te acostaste ayer?

_____

D. Write a short paragraph about the last time you went on a vacation that included outdoor activities. Say when you went and with whom, what you did, how long you stayed, and when you returned home.

_____

_____

_____

_____

_____

_____

_____

_____

_____

LECCIÓN 11

WORKBOOK
ACTIVITIES

Name _____

Section _____

Date _____

A. Using the information given, write sentences telling how long ago the following things happened.

MODELO: Estamos en marzo. Yo vine a esta ciudad en septiembre.
Hace seis meses que yo vine a esta ciudad.

1. Son las cinco. Ellos llegaron a la una.

   _____

2. Estamos en el año 1998. Jorge empezó a trabajar en el año 1992.

   _____

3. Hoy es sábado. Mis hijos vinieron el martes.

   _____

4. Es la una. Teresa me llamó a la una menos cuarto.

   _____

5. Estamos en octubre. Nosotros volvimos de Lima en septiembre.

   _____

B. Complete the following chart with the corresponding present subjunctive forms.

Infinitive	yo	tú	Ud., él, ella	nosotros	Uds., ellos, ellas
1. cobrar	cobre	cobres	cobre	cobremos	cobren
2. estudiar					
3. deber	deba	debas	deba	debamos	deban
4. beber					
5. abrir	abra	abras	abra	abramos	abran
6. recibir					

Lección 11 Workbook Activities   **179**

Infinitive	yo	tú	Ud., él, ella	nosotros	Uds., ellos, ellas
7. hacer	haga				
8. decir		digas			
9. entender			entienda		
10. volver				volvamos	
11. sugerir					sugieran
12. dormir				durmamos	
13. mentir					mientan
14. buscar	busque				
15. pescar					
16. dar		des			
17. estar			esté		
18. ir				vayamos	
19. ser					sean
20. saber	sepa				

C. Complete the chart below.

English	Subject	Verb	que	Subject of subordinate clause	Verb in the subjunctive
1. He wants me to speak.	Él	quiere	que	yo	hable.
2. I want you to learn.				tú	
3. You want him to go out.	Tú				
4. She wants us to drink.					bebamos.
5. We want her to come.				ella	
6. You want them to understand.	Uds.				
7. They want us to remember.				nosotros	
8. You want us to study.	Uds.				
9. They want us to write.					escribamos.
10. He wants us to lie.	Él				
11. I want you to walk.				tú	

	English	Subject	Verb	que	Subject of subordinate clause	Verb in the subjunctive
12.	They want you to wait.				Uds.	
13.	She wants him to work.					
14.	We want them to go.					

D. Rewrite each sentence, beginning with the phrase provided. Follow the model.

    MODELO: Ella deposita el dinero en su cuenta corriente.
                Quiero que ella _____ .
                Quiero que ella deposite el dinero en su cuenta corriente.

1. Él firma la carta. ¿Tú quieres que _____ ?

2. Nosotros le damos el cheque. Ellos nos aconsejan que _____ .

3. Tú tienes que pagar en efectivo. Es una lástima que _____ .

4. Ella va al Banco Nacional. Nosotros le vamos a pedir que _____
_____ .

5. Ellos dejan el rollo de película para revelarlo. Yo espero que _____
_____ .

6. Yo lleno la solicitud. El empleado sugiere que _____ .

7. Elsa se queda en la cama hasta tarde. Me alegro de que _____
_____ .

8. Nosotros estacionamos la motocicleta frente al banco. Nos dice que _____
_____ .

9. ¿Yo recojo los pantalones? ¿Uds. quieren que _____ ?

10. Ella paga al contado. Ojalá que _____ .

11. El saldo es de más de quinientos dólares. Espero que _____
_____ .

12. Ellos no lo saben. Sentimos que _____ .

13. Adela está enferma. Temo que _____ .

14. Ellos estudian español. Yo les recomiendo que _____ .

15. Vienen temprano. Les ruego que _____ .

        Lección 11 Workbook Activities   **181**

E. ¿Cómo se dice...? Write the following dialogues in Spanish.

1. "I hope that you have your checkbook, Marta."
   "No, I didn't bring it. I hope you have money!"

   _____

   _____

2. "My mother doesn't want me to apply for a loan."
   "She's right . . . "

   _____

   _____

3. "I can't pay cash for the car."
   "I suggest that you buy it on installments, Miss Vega."

   _____

   _____

4. "What does she want you to do, Anita?"
   "She wants me to run some errands."

   _____

   _____

5. "How long ago did you bring in this roll of film, miss?"
   "I brought it in two weeks ago. I want you to develop it today!"

   _____

   _____

F. Crucigrama

Horizontal

4. talonario de cheques
6. opuesto de **alegrarse**
8. No tiene hermanos; es hijo _____ .
11. ¿Cómo se dice *"to be glad"*?
12. ¿Cómo se dice *"pants"*?
15. Le gusta _____ en la cama hasta tarde.
17. Voy a abrir una cuenta _____ .
19. El _____ niño está muy enfermo.
20. Tenía mil dólares y saqué seiscientos. El _____ es de cuatrocientos dólares.

21. espero
22. Tengo un rollo de _____ para revelar.
23. No me levanté porque no sonó el _____ .
25. modo
26. ¿Cómo se dice *"to walk"*?
27. aparcar

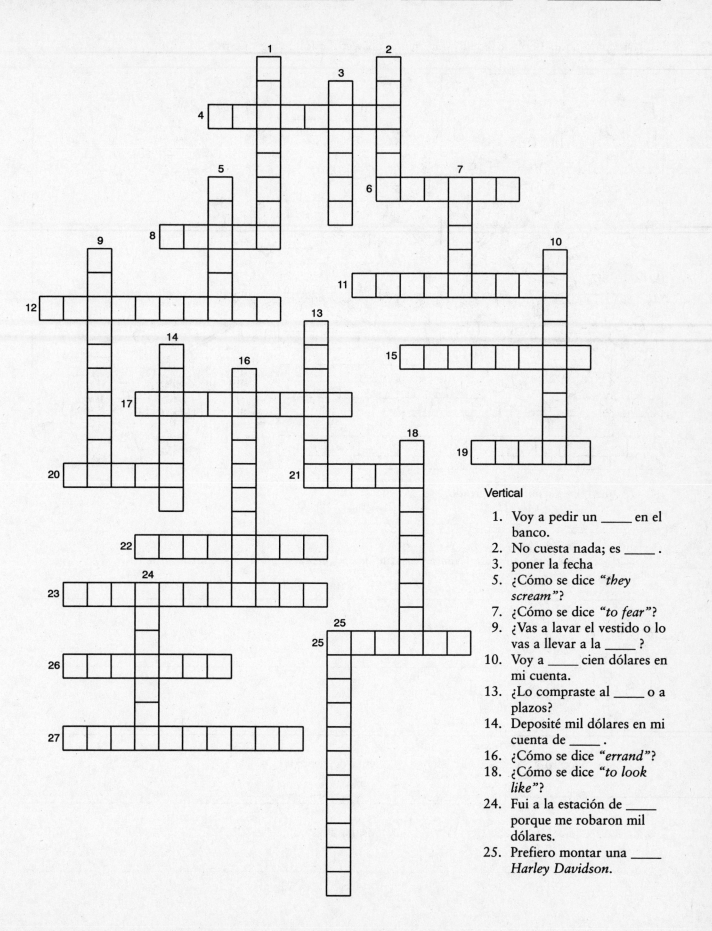

Vertical

1. Voy a pedir un _____ en el banco.
2. No cuesta nada; es _____ .
3. poner la fecha
5. ¿Cómo se dice *"they scream"*?
7. ¿Cómo se dice *"to fear"*?
9. ¿Vas a lavar el vestido o lo vas a llevar a la _____ ?
10. Voy a _____ cien dólares en mi cuenta.
13. ¿Lo compraste al _____ o a plazos?
14. Deposité mil dólares en mi cuenta de _____ .
16. ¿Cómo se dice *"errand"*?
18. ¿Cómo se dice *"to look like"*?
24. Fui a la estación de _____ porque me robaron mil dólares.
25. Prefiero montar una _____ *Harley Davidson.*

G. **¿Qué pasa aquí?** Look at the illustration and answer the following questions.

1. ¿A qué hora suena el despertador?

   _____

2. ¿Ud. cree que Susana quiere levantarse o que quiere quedarse en la cama hasta tarde?

   _____

3. ¿Qué quiere Olga que haga Susana?

   _____

4. ¿Qué diligencias va a hacer Celia?

   _____

5. ¿Cuánto dinero va a depositar Celia en su cuenta de ahorros?

   _____

6. ¿Andrés quiere que Celia vaya con él o que Susana vaya con él?

   _____

7. ¿Celia está lista para salir?

_____

8. ¿Ud. cree que Andrés va a depositar dinero o que va a pedir un préstamo? ¿Cómo lo sabe Ud.?

_____

9. ¿Para qué quiere Andrés el dinero?

_____

10. ¿Cómo van a ir al banco Celia y Andrés?

_____

PARA LEER

Son las siete de la mañana y suena el despertador. Hoy Carla no puede quedarse en la cama hasta tarde porque tiene que hacer muchas diligencias. Primero, su mamá quiere que vaya a la tintorería para llevar un abrigo de ella y un pantalón de su papá. Su hermano quiere que lo lleve al gimnasio y su hermana Rocío quiere que vaya con ella al banco porque quiere pedir un préstamo para comprar un coche. Carla teme que el banco no le preste dinero a su hermana ni siquiera *(not even)* para comprar una bicicleta...

En el banco, mientras Rocío llena la solicitud para el préstamo, Carla saca dinero del cajero automático y abre una cuenta de ahorros.

¡Conteste!

1. ¿A qué hora se despierta Carla hoy?

_____

2. ¿La despierta su mamá?

_____

3. ¿Por qué tiene que levantarse temprano Carla hoy?

_____

4. ¿Adónde quiere su mamá que vaya?

_____

5. ¿Qué ropa tiene que llevar a la tintorería?

_____

6. ¿Carla es hija única?

   _____

7. ¿Adónde quiere ir su hermano?

   _____

8. ¿Qué quiere Rocío que haga Carla?

   _____

9. ¿Qué va a hacer Rocío en el banco?

   _____

10. ¿Qué teme Carla?

    _____

11. ¿Qué tiene que llenar Rocío en el banco?

    _____

12. ¿Carla deposita dinero en el cajero automático?

    _____

13. ¿Carla tenía una cuenta de ahorros en el banco?

    _____

Lección 11

Name _____

LABORATORY

Section _____

ACTIVITIES

Date _____

I. PARA ESCUCHAR Y CONTESTAR

Diálogo: *Haciendo diligencias*

The dialogue will be read first without pauses. Pay close attention to the speakers' intonation and pronunciation.

En una casa de la calle Ponce en San Juan, Puerto Rico, vive la familia Vargas. Sergio está muy cansado hoy y quiere quedarse en la cama hasta tarde. Su mamá quiere que haga varias diligencias, de modo que el pobre muchacho tiene que levantarse en cuanto suena el despertador a las siete de la mañana.
   A las nueve, llega a la tintorería.

SERGIO — Vengo a recoger esta ropa. Aquí está el comprobante. Ojalá que estén listos mis pantalones.
EMPLEADO — Un abrigo de mujer y un pantalón. Un momento, por favor. Los pantalones son rosados, ¿verdad?
SERGIO — ¡Eran blancos cuando los traje...!

A las diez, Sergio está en el departamento de fotografía de la tienda La Francia.

SERGIO — Hace una semana que traje un rollo de película en colores. Espero que esté listo.
EMPLEADO — A ver... ¿Sergio Vargas...? Sí, las fotos salieron muy bien.
SERGIO — ¿Y cuánto cobran por revelar un rollo de película?
EMPLEADO — Seis dólares, señor.
SERGIO — Muy bien. ¿Quién es esta señora? ¡Estas fotos no son mías!

A las once, Sergio estaciona su motocicleta frente al banco.

SERGIO — Quiero depositar este cheque, que está a nombre de mi madre. ¿Es necesario que lo firme ella?
EMPLEADO — Si lo va a depositar en la cuenta corriente de ella, no.
SERGIO — Muy bien, eso es lo que quiero hacer. También quiero sacar doscientos dólares de mi cuenta de ahorros.
EMPLEADO — Tiene que llenar esta tarjeta.
SERGIO — Necesito que me dé el saldo de mi cuenta de ahorros.
EMPLEADO — Sólo tiene veinte dólares. Lo siento, señor Vargas, pero no tiene suficiente dinero.

Lección 11 Laboratory Activities   **187**

Cuando Sergio sale del banco, no encuentra su motocicleta.

SERGIO	—¡Ay, no! ¡Alguien me robó la motocicleta!
SEÑORA	—El muchacho que se llevó la motocicleta dijo que Ud. era su hermano…
SERGIO	—¡Yo soy hijo único!
SEÑORA	—Se parecen mucho. Me sorprende que no sean hermanos.
SERGIO	—¡El próximo martes trece no salgo de casa!

Now the dialogue will be read with pauses for you to repeat what you hear. Imitate the speakers' intonation patterns.

Preguntas y respuestas

You will now hear questions about the dialogue. Answer each one, omitting the subject. The speaker will confirm your response. Repeat the correct response.

Situaciones

The speaker will present several situations based on the dialogue. Respond appropriately in Spanish to each situation. The speaker will confirm your response. Repeat the correct response. Follow the model.

> MODELO: You tell your teacher that you hope he'll give you an "A."
> **Espero que me dé una "A".**

II. PRONUNCIACIÓN

- When you hear the number, read the corresponding sentence aloud. Then listen to the speaker and repeat the sentence.

1. Quiere quedarse en la cama hasta tarde.
2. Quiere que haga varias diligencias.
3. A las nueve, llega a la tintorería.
4. Revela un rollo de película.
5. Sergio estaciona su motocicleta.
6. Quiero sacar doscientos dólares.
7. Tengo una cuenta de ahorros.
8. Camina hacia la estación de policía.

III. ¡VAMOS A PRACTICAR!

A. Answer each question you hear, using the cue provided. The speaker will confirm your response. Repeat the correct response. Follow the model.

> MODELO: —¿Cuánto tiempo hace que empezaste a estudiar español? (seis meses)
> —**Hace seis meses que empecé a estudiar español.**

1. (veinte minutos)   2. (tres semanas)   3. (un mes)   4. (un año)   5. (una hora)

B. Answer each question you hear, using the cue provided. The speaker will confirm your response. Repeat the correct response. Follow the model.

> MODELO: —¿Qué quieres que yo haga? (depositar el dinero)
> —**Quiero que deposites el dinero.**

1. (traer los cheques)   2. (venir mañana)   3. (ir a la tintorería)   4. (estar aquí a las cinco)
5. (volver temprano)   6. (dar una fiesta)   7. (pagar la cuenta)   8. (ahorrar más)
9. (llenar las tarjetas)   10. (depositar el dinero)

C. The speaker will say what different people want to do. Say that you don't want them to do those things. The speaker will confirm your response. Repeat the correct response. Follow the model.

> MODELO: —Nosotros queremos invitar a las chicas.
> —**Yo no quiero que las inviten.**

D. Respond to each statement you hear, using the cue provided. The speaker will confirm your response. Repeat the correct response. Follow the model.

> MODELO: Yo me alegro de estar aquí. (de que tú)
> **Yo me alegro de que tú estés aquí.**

1. (que Carlos)   2. (que ustedes)   3. (de que mi hijo)   4. (que tú)   5. (que nosotros)

E. Respond to each statement you hear, using the cue provided. The speaker will confirm your response. Repeat the correct response. Follow the model.

> MODELO: Ana va con Teresa. (Espero)
> **Espero que Ana vaya con Teresa.**

1. (Siento)   2. (Me alegro)   3. (Es una lástima)   4. (Ojalá)   5. (Temo)   6. (Espero)

IV. EJERCICIO DE COMPRENSIÓN

Before listening to the dialogues in this section, study the comprehension questions below. Reviewing the questions ahead of time will help you to remember key information as you listen.

1. ¿Qué quiere hacer Elisa mañana?
2. ¿Adónde quiere su papá que lo lleve?
3. ¿Elisa quiere levantarse temprano?
4. ¿Adónde quiere su padre que vaya después?
5. ¿Qué necesita su mamá que haga Elisa?
6. ¿Qué quiere saber Elisa?
7. ¿Qué tiene que llevar Raquel a la tintorería?
8. ¿A cuál le sugiere Amanda que vaya?
9. ¿En qué calle queda la tintorería Magnolia?
10. ¿Quién quiere Raquel que la lleve?
11. ¿Qué dice Raquel del coche de Antonio?
12. ¿Quién dice Amanda que le gusta a Raquel?
13. ¿Cuánto quiere sacar el Sr. Vargas de su cuenta de ahorros?
14. ¿En qué cuenta quiere depositar el cheque?
15. ¿Es necesario que la hija del Sr. Vargas firme el cheque?
16. ¿Qué le va a comprar el Sr. Vargas a su hijo?
17. ¿Qué espera el Sr. Vargas?

Listen carefully to each dialogue and then answer the questions, omitting the subject and replacing direct objects with direct object pronouns. The speaker will confirm your response. Repeat the correct response.

V. PARA ESCUCHAR Y ESCRIBIR

Tome nota

You will hear Jorge Sandoval describe his daily routine. First listen carefully for general comprehension. Then, as you listen for a second time, fill in the information requested.

AGENCIA DE DETECTIVES

Información sobre: Jorge Sandoval

7:00: Se levanta.

8:00: _____

9:00: _____

9:00–12:00: _____

12:30: _____

_____

_____

1:30: _____

1:30–5:00: _____

5:30: _____

6:00: _____

10:00: _____

Firma del detective: _____

Fecha: _____

Dictado

The speaker will read six sentences. Each sentence will be read twice. After the first reading, write what you heard. After the second reading, check your work and fill in what you missed.

1. _____

2. _____

3. _____

4. _____

5. _____

6. _____

LECCIÓN 12

WORKBOOK ACTIVITIES

Name _____

Section _____

Date _____

A. Complete the chart below, with **Ud.** and **Uds.** command forms.

Infinitive	Command Ud.	Uds.
1. preparar	prepare	preparen
2. caminar		
3. aprender	aprenda	aprendan
4. beber		
5. abrir	abra	abran
6. subir		
7. venir	venga	vengan
8. hacer		
9. dar	dé	den
10. estar		
11. empezar	empiece	empiecen
12. comenzar		
13. pedir		
14. contar		
15. ir	vaya	
16. ser		sean

B. Rewrite the following sentences, using the command to replace the construction **deber** + *infinitive*.

MODELO: Ud. no debe hacerlo.   Ud. debe hacerlo.
         No lo haga.   **Hágalo.**

1. Debe enviarlas hoy.

_____

2. No debe sacarlos ahora.

_____

3. Debe llamarnos más tarde.

_____

4. Deben dejármela en la oficina de correos.

_____

5. No debe dárselos a él.

_____

6. Deben decírselo a sus padres.

_____

7. No debe preocuparse por eso.

_____

8. Deben traérmelo mañana.

_____

9. Deben levantarse más temprano.

_____

10. No debe ponerse el abrigo.

_____

11. No deben quedarse en casa.

_____

12. Debe mandarles un fax.

_____

194   *Lección 12 Workbook Activities*

C. Complete the following sentences with **que, quien,** or **quienes,** as appropriate.

1. El señor _____ llamó ayer es uno de los empleados.

2. Las estampillas _____ compré están en la mesa.

3. Los chicos de _____ te hablé trabajan en la oficina de correos.

4. Las chicas _____ estaban en la biblioteca son cubanas.

5. El muchacho con _____ estudia Perla se llama José Luis.

6. La señora _____ mandó el giro postal es mi tía.

D. Complete each sentence by providing either the present subjunctive or the present indicative form of the verb.

1. Creemos que ellos _____ (estar) en la oficina de correos.

2. No dudo que su casa _____ (quedar) en esa calle.

3. Niego que Rosa me _____ (mandar) dinero todos los meses.

4. Es verdad que ellos siempre _____ (llegar) tarde.

5. No estoy seguro de que el correo _____ (estar) abierto a esta hora.

6. Es cierto que el edificio _____ (ser) muy antiguo.

7. No es cierto que nosotros _____ (ser) extranjeros.

8. No creemos que ellos _____ (conseguir) las estampillas.

9. No es verdad que nosotros _____ (tener) el paquete.

10. Dudo que el cartero _____ (venir) temprano hoy.

11. No niego que ella _____ (ser) muy puntual.

12. Estoy seguro de que nosotros _____ (necesitar) un casillero en la oficina.

E. Answer the following questions, using the cues and omitting the subjects.

1. ¿A qué hora se abre la oficina de correos? (a las diez)

_____

2. ¿Cómo se sale de este edificio? (por aquella puerta)

_____

Lección 12 Workbook Activities   **195**

3. ¿A qué hora se cierran los bancos? (a las tres)

_____

4. ¿Qué idioma se habla en Río de Janeiro? (portugués)

_____

5. ¿Cómo se dice "*traffic light*" en español?

_____

F. The names of eleven things found in cities are hidden in the puzzle below. Reading horizontally, vertically, and diagonally, find them and list them with their corresponding definite articles.

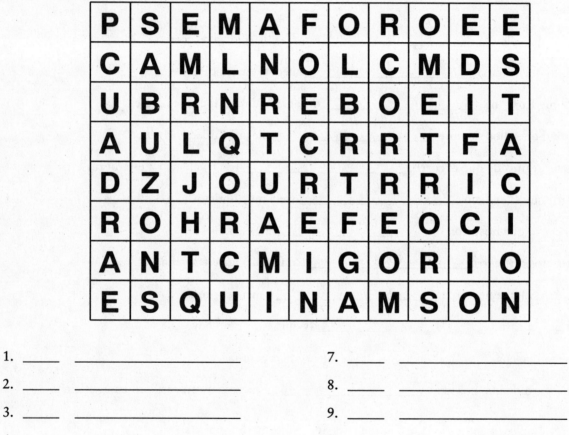

P	S	E	M	A	F	O	R	O	E	E
C	A	M	L	N	O	L	C	M	D	S
U	B	R	N	R	E	B	O	E	I	T
A	U	L	Q	T	C	R	R	T	F	A
D	Z	J	O	U	R	T	R	R	I	C
R	O	H	R	A	E	F	E	O	C	I
A	N	T	C	M	I	G	O	R	I	O
E	S	Q	U	I	N	A	M	S	O	N

1. ____ _____   7. ____ _____

2. ____ _____   8. ____ _____

3. ____ _____   9. ____ _____

4. ____ _____   10. ____ _____

5. ____ _____   11. ____ _____

6. ____ _____

G. ¿Cómo se dice...? Write the following dialogues in Spanish.

1. "I think she has the money orders."
   "No, I don't think she has them."

   _____

   _____

2. "He says that I need a passport and a visa to travel to Spain."
   "It's true that you need a passport, but it's not true that you need a visa."

   _____

   _____

   _____

3. "We can take the subway."
   "I doubt that there is a subway in this city."

   _____

   _____

4. "At what time does the post office open?"
   "It opens at nine o'clock and it closes at five in the afternoon."

   _____

   _____

5. "Bring the packages tomorrow, but don't give them to my secretary; leave them on my desk."
   "Do you want me to bring the stamps, too?"
   "Yes, bring them, please."

   _____

   _____

   _____

   _____

   _____

Lección 12 Workbook Activities **197**

6. "Where's the man who brought the mail?"
"Downstairs."

_____

_____

H. Crucigrama

Horizontal

1. Trabaja en la oficina de _____ .
3. ¿Cómo se dice "*open*"?
5. El *Empire State* es uno.
7. Es un _____ de regalo.
8. opuesto de **subir**
9. opuesto de **moderno**
11. sello
14. ¿Doblo o sigo _____ ?
16. Echo las cartas en el _____ .
17. Voy a mandarle un giro _____ .
18. Siempre llega tarde; no es _____ .
19. Voy a enviar la carta por _____ aérea.
21. Ponga las cartas en mi _____ , señorita.
22. Voy a mandar las cartas _____ .
24. No lo creemos; lo _____ .
25. El _____ del Retiro es muy bonito.
26. Vamos a _____ a la calle.
27. opuesto de **sentado**

Vertical

2. Está en la _____ de las calles Magnolia y Libertad.
4. Vive en los Estados Unidos pero no es de aquí; es _____ .
6. ¿Tiene un documento de _____ ?
10. Venden sellos en la _____ número dos.
12. opuesto de **abajo**
13. muchos: un _____
15. El _____ tiene tres colores: rojo, verde y amarillo.
18. Esa casa es una mansión... ¡Es un _____ !
20. Está cerca de aquí. ¡Está allí _____ !
23. metro

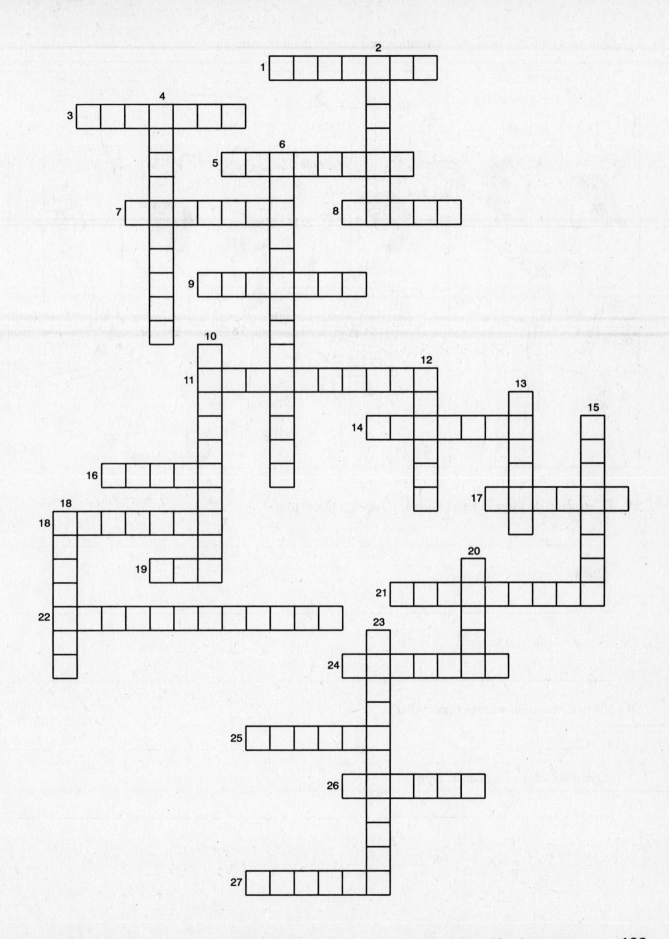

I. **¿Qué pasa aquí?** Look at the illustration and answer the following questions.

1. El hermano de Jorge necesita dinero. ¿Qué va a hacer Jorge?

   _____

2. ¿Qué va a enviar Olga?

   _____

3. ¿A quién se lo va a enviar?

   _____

4. ¿En qué ventanilla venden estampillas?

   _____

5. ¿Cuántas cartas va a mandar Beto?

   _____

6. ¿Cómo las va a enviar?

   _____

7. ¿Quiere mandarlas certificadas?

   _____

8. ¿Cree Ud. que Betty está enojada con Oscar?

   _____

9. ¿Oscar es puntual?

   _____

10. Para Oscar ¿es importante ser puntual?

   _____

Lección 12 Workbook Activities   **201**

LECCIÓN 12

LABORATORY ACTIVITIES

Name _____

Section _____

Date _____

I. PARA ESCUCHAR Y CONTESTAR

Diálogo: *Pidiendo información*

The dialogue will be read first without pauses. Pay close attention to the speakers' intonation and pronunciation.

Julia, una chica de Honduras, llegó a Madrid hace una semana. Con sus amigos españoles visitó el Parque del Retiro, el Palacio Real y las antiguas ciudades de Segovia, Ávila y Toledo. En cada lugar compró un montón de tarjetas postales para enviárselas a sus padres y a sus amigos. Hoy decidió ir al correo para enviar las tarjetas y recoger un paquete.

JULIA	—Dudo que el correo esté abierto a esta hora. Creo que se abre a las nueve. Dígame, señor, ¿dónde queda la oficina de correos?
SR. GÓMEZ	—Está a cinco manzanas de aquí, en la Plaza de La Cibeles.
JULIA	—Es que... soy extranjera y no conozco las calles. ¿Puede decirme cómo llegar allí?
SR. GÓMEZ	—¡Ah!, siga derecho por esta calle hasta llegar a la Plaza de Colón.
JULIA	—¿Cuántas cuadras?
SR. GÓMEZ	—Dos. Después doble a la derecha al llegar al semáforo, en la calle Alcalá.
JULIA	—¿La oficina de correos está en esa calle?
SR. GÓMEZ	—Sí, allí mismo. Es un edificio antiguo y está frente a la estación del metro.

En el correo, Julia habla con el empleado que está en la ventanilla de información.

JULIA	—Vengo a recoger un paquete y un giro postal. Me llamo Julia Reyes.
EMPLEADO	—¿Tiene un documento de identidad?
JULIA	—Mi pasaporte... pero lo dejé en el hotel.
EMPLEADO	—No creo que se lo den sin identificación.
JULIA	—Bueno, vuelvo esta tarde. ¿Dónde puedo comprar sellos?
EMPLEADO	—Vaya a la ventanilla número dos, a la izquierda.

En la ventanilla número dos, Julia le pide al empleado los sellos que necesita.

JULIA	—Quiero enviar estas tarjetas postales por vía aérea y una carta certificada a Honduras.
EMPLEADO	—Son mil quinientas pesetas, señorita.
JULIA	—¿Puede decirme cómo llegar desde aquí a El Corte Inglés?
EMPLEADO	—Salga por la puerta principal, cruce la Plaza de La Cibeles y camine por la Gran Vía hasta llegar a la Plaza Callao. El Corte Inglés está al lado de la plaza.

En El Corte Inglés, Julia se encuentra con su amiga Pilar, con quien va a ir de compras.

JULIA —Creía que no ibas a estar aquí.
PILAR —Oye, guapa, no es cierto que los españoles siempre lleguemos tarde. A veces somos puntuales.

Las chicas suben al tercer piso, donde está el departamento de ropa para señoras.

Now the dialogue will be read with pauses for you to repeat what you hear. Imitate the speakers' intonation patterns.

Preguntas y respuestas

You will now hear questions about the dialogue. Answer each one, omitting the subject. The speaker will confirm your response. Repeat the correct response.

Situaciones

The speaker will present several situations based on the dialogue. Respond appropriately in Spanish to each situation. The speaker will confirm your response. Repeat the correct response. Follow the model.

MODELO: You ask someone what time the post office opens.
¿A qué hora se abre la oficina de correos?

II. PRONUNCIACIÓN

- When you hear the number, read the corresponding sentence aloud. Then listen to the speaker and repeat the sentence.

1. Visitó el Parque del Retiro.
2. Va a enviárselas a sus padres.
3. Hoy decidió ir al correo.
4. Soy extranjera y no conozco las calles.
5. Tiene un documento de identidad.
6. Vaya a la ventanilla número dos.
7. Envió las cartas por vía aérea.
8. Salga por la puerta principal.

III. ¡VAMOS A PRACTICAR!

A. You will hear a series of indirect commands with the construction **tener que** + *infinitive*. Change each one to a direct **Ud.** or **Uds.** command. The speaker will confirm your response. Repeat the correct response. Follow the model.

> MODELO: Ud. tiene que estudiar la lección.
> **Estudie la lección.**

B. Answer each question you hear in the affirmative or in the negative, according to the cue provided. The speaker will confirm your response. Repeat the correct response. Follow the model.

> MODELO: —¿Mando el giro postal? (sí)
> **—Sí, mándelo.**
> —¿Compro los sellos? (no)
> **—No, no los compre.**

1. (no)   2. (sí)   3. (sí)   4. (no)   5. (no)   6. (no)   7. (sí)   8. (no)
9. (sí)   10. (sí)

C. Answer each question you hear, using the cue provided. The speaker will confirm your response. Repeat the correct response. Follow the model.

> MODELO: —¿Quién es María? (chica—trajo las fotos)
> **—Es la chica que trajo las fotos.**

1. (muchacho—vino ayer)   2. (profesor—te hablé)   3. (muchacha—mandó el fax)
4. (señora—llamó por teléfono)   5. (señor—vimos ayer)

D. Respond to each statement you hear by expressing doubt, disbelief, or denial. The speaker will confirm your response. Repeat the correct response. Follow the model.

> MODELO: —Creo que Ana tiene el paquete.
> **—No creo que Ana tenga el paquete.**

E. Answer the following questions, using the cues provided. The speaker will confirm your response. Repeat the correct response. Follow the model.

> MODELO: —¿Qué se dice de los españoles? (muy simpáticos)
> **—Se dice que son muy simpáticos.**

1. (español)   2. (a las nueve)   3. (fumar)   4. (en el correo)   5. (en California)
6. (español)   7. (inglés y francés)   8. (a las seis)

IV. EJERCICIO DE COMPRENSIÓN

Before listening to the dialogues in this section, study the comprehension questions below. Reviewing the questions ahead of time will help you to remember key information as you listen.

1. ¿Cuánto tiempo hace que Olga llegó a Madrid?

2. ¿Qué lugares visitó?

3. ¿Por qué no fue a Ávila?

4. ¿Dónde viven los padres de Pilar?

5. ¿Por qué no fue Olga a Sevilla?

6. ¿Qué quiere Jorge que haga Raquel?

7. ¿Qué duda Raquel?

8. ¿A qué hora se cierra el correo los viernes?

9. ¿Cómo va a mandar Raquel las cartas?

10. ¿Qué tiene que comprar Raquel en el correo?

11. ¿A qué otro lugar tiene que ir Raquel?

12. ¿Qué tiene que recoger en la tintorería?

13. ¿A qué hotel va el señor?

14. ¿Dónde queda el hotel?

15. ¿El señor es extranjero?

16. ¿La señora le dice que debe doblar a la izquierda o a la derecha?

17. ¿El Hotel San Martín está muy lejos?

18. ¿Cuántas cuadras tiene que caminar el señor?

19. ¿Qué quiere recoger Alicia en el correo?

20. ¿Dónde está el pasaporte de Alicia?

21. ¿Qué duda Estela?

22. ¿Qué no cree Alicia?

23. ¿De qué está segura Estela?

Listen carefully to each dialogue and then answer the questions, omitting the subject and replacing any direct objects with direct object pronouns. The speaker will confirm your response. Repeat the correct response.

V. PARA ESCUCHAR Y ESCRIBIR

Tome nota

You will hear a series of radio advertisements. First listen carefully for general comprehension. Then, as you listen for a second time, write the name of each place described in the correct location on the map.

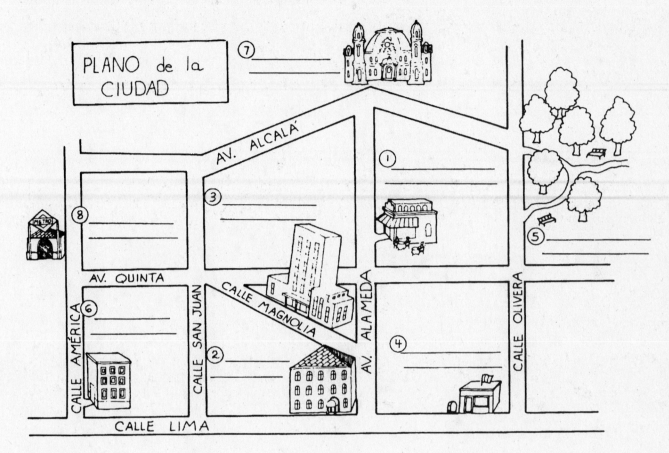

Dictado

The speaker will read six sentences. Each sentence will be read twice. After the first reading, write what you heard. After the second reading, check your work and fill in what you missed.

1. _____

2. _____

3. _____

4. _____

5. _____

6. _____

CHECK YOUR PROGRESS
LECCIONES
11 y 12

Name _____

Section _____

Date _____

Lección 11

A. Complete the following dialogues, using the infinitive or the subjunctive of the verbs given.

1. —Yo no quiero _____ (ir) a la tintorería hoy. Espero que Julia

_____ (poder) ir.

—Si va, yo necesito que me _____ (traer) los pantalones que dejé allí la semana

pasada.

2. —Quiero comprar una moto y no tengo dinero. ¿Qué me aconsejas que _____

(hacer)?

—Te sugiero que _____ (ir) al banco y _____ (pedir) un

préstamo.

3. —Me alegro de _____ (estar) aquí hoy. Espero que mis padres

_____ (poder) venir mañana.

—¡Ay, sí! ¡Ojalá que _____ (venir)!

4. —Siento no _____ (poder) ir con Uds. al banco.

—Sí, es una lástima que (tú) no _____ (poder) ir con nosotros.

B. Complete the following sentences in your own words.

1. Hace un año que yo_____ .

2. Hace una semana que mis amigos _____ .

3. Yo me alegro de que mis amigos_____ .

Check Your Progress (Lecciones 11 y 12)

4. Mis padres quieren que yo _____.

5. Ojalá que el profesor _____.

6. Temo que mi mamá _____.

7. Yo le sugiero a Ud. que _____.

8. Es una lástima que _____.

Lección 12

A. Write **Ud.** or **Uds.** commands as indicated, using the verbs and object pronouns given.

1. No comprarlos. (Uds.) _____

2. Decírselo. (Ud.) _____

3. No ir al correo. (Uds.) _____

4. Traérmelas. (Ud.) _____

5. Dárselos. (Uds.) _____

6. No mandárnoslas. (Ud.) _____

7. Acostarse. (Ud.) _____

8. No bañarse ahora. (Uds.) _____

B. Complete the following sentences in your own words.

1. No creo que mi padre (madre) _____

   _____

2. Dudo que mi amigo(-a) _____

   _____

3. No es verdad que yo _____

   _____

4. Estoy seguro(-a) de que mis compañeros _____

   _____

5. No dudo que mi familia _____

   _____

C. Write the following dialogues in Spanish.

1. "What time do the stores open?"
   "They open at ten and they close at seven."

   _____

   _____

2. "Who is that man?"
   "That's the man who brought the package."

   _____

   _____

D. You have invited your classmates to a party. Write detailed instructions for them on how to get to your house from the university. (Note: **autopista**-*freeway*)

   _____

   _____

   _____

   _____

   _____

   _____

   _____

   _____

   _____

   _____

Check Your Progress (Lecciones 11 y 12)

LECCIÓN 13

WORKBOOK

ACTIVITIES

Name _____

Section _____

Date _____

A. Fill in the chart with the appropriate **tú** command forms.

	Affirmative Command	Negative Command
1. hablar		
2. comer		
3. escribir		
4. hacerlo		
5. venir		
6. bañarse		
7. afeitarse		
8. dormirse		
9. ponérselo		
10. ir		
11. ser		
12. vendérmelo		
13. levantarse		
14. tener		
15. salir		
16. decírselo		

B. Answer the following questions, using **tú** commands and the cues provided. Follow the model.

MODELO: Aquí está la mesa. ¿Dónde la pongo? (en la cocina)
Ponla en la cocina.

1. ¿Con quién voy a la tienda? (con Aurora)

   _____

2. ¿Qué les compro a los chicos? (un refrigerador)

   _____

3. ¿Qué te traigo a ti? (una lámpara)

   _____

4. Aquí están las cortinas. ¿A quién se las doy? (a Elena)

   _____

5. ¿Qué hago con las fundas? ¿Se las doy a José? (no)

   _____

6. ¿Qué vestido me pruebo? (el vestido amarillo)

   _____

7. ¿Qué abrigo me pongo? (el abrigo verde)

   _____

8. ¿Voy al apartamento ahora? (no)

   _____

9. Ana trajo las frazadas. ¿Las pongo en la cama? (no)

   _____

10. Hoy tenemos la fiesta. ¿Se lo digo a Rita? (no)

    _____

11. ¿Qué hago para la cena? (pollo)

    _____

12. ¿A qué hora vengo mañana? (a las siete)

    _____

C. Write the questions that would elicit each statement given as a response, using **qué** or **cuál** as appropriate.

1. _____

   Mi apellido es Rodríguez.

2. _____

   Mi número de teléfono es 239–8745.

3. _____

   La sangría es una bebida que se prepara con frutas y vino tinto.

4. _____

   Una enchilada es una comida típica mexicana.

5. _____

   Mi dirección es Magnolia 234, Riverside, California.

6. _____

   Mi número de seguro social es 756–89–5647.

D. Look at the pictures below, and then complete each sentence with either the indicative or the subjunctive.

1. Vamos a un _____   2. ¿Hay algún _____

   donde _____   donde _____

   _____ .   _____ ?

3. Tengo una empleada _____

_____

_____ .

4. Necesito una _____

_____

_____ .

5. Tengo una amiga que_____

_____

_____ .

6. No conozco a nadie que _____

_____

_____ .

7. Hay un señor que _____

_____

_____ .

8. No hay nadie que _____

_____

_____ .

E. Change the following sentences, according to the new beginnings.

1. Conozco a muchas personas que son colombianas.

   No conozco a nadie que _____

2. Tengo una casa que tiene garaje para tres coches.

   Busco _____

3. En este edificio hay muchos apartamentos que están amueblados.

   En este edificio no hay ningún _____

4. Hay muchas personas que quieren vivir en ese barrio.

   No hay nadie que _____

5. No hay nadie que pueda estudiar y trabajar al mismo tiempo.

   Hay muchas personas que _____

6. Conozco a un señor que puede arreglar *(fix)* el aire acondicionado.

   ¿Hay alguien que _____ ?

7. Aquí no hay nadie que gane más de 50.000 dólares al año.

   Aquí hay dos personas que _____

8. Hay una secretaria que puede trabajar tiempo completo.

   Necesito una secretaria que _____

9. Quiero una casa que tenga un jardín grande.

   Vivo en una casa que _____

10. Hay un apartamento barato que queda en la Avenida San Martín.

    Busco un apartamento _____

F. **¿Cómo se dice...?** Write the following dialogues in Spanish.

1. "We need a house that has four bedrooms."
   "I don't think that you can find one for less than one hundred sixty thousand dollars."

   _____

   _____

   _____

Lección 13 Workbook Activities   **217**

2. "Come here, Ester. Do me a favor. Bring me a pillow and a blanket."
   "I can't. I'm busy. Tell David to bring them to you."

   _____

   _____

3. "Tell me, Ramiro. What's your address?"
   "385 Maceo Street. Write it down."

   _____

   _____

4. "Do you know where I can buy a house that is big, comfortable, and inexpensive?"
   "Yes, but not in this neighborhood."

   _____

   _____

   _____

5. "Is there anybody here who speaks Spanish?"
   "Yes, there are two girls who speak Spanish."

   _____

   _____

6. "I'm looking for an apartment that's not very expensive."
   "We live in an apartment that's not expensive and that is in a good neighborhood."

   _____

   _____

   _____

G. Crucigrama

Horizontal

2. El _____ de ese apartamento es demasiado caro para mí.
5. ¿Cómo se dice *"stove"*?
7. Voy a poner la carne en el _____ .
10. La casa tiene _____ central.
12. El sofá es para el _____ de estar.
13. lugar de la casa donde dormimos
14. sillón

15. Lava los platos en el _____ porque no tiene lavaplatos.
16. Nunca nos permite divertirnos; es un _____ .
19. ¿Cómo se dice *"realistic"*?
20. No pueden quedarse en esa casa. Tienen que _____ .
21. de Colombia
23. Estoy lista para salir. ¡ _____ !
24. Necesito dos _____ para mi cama.

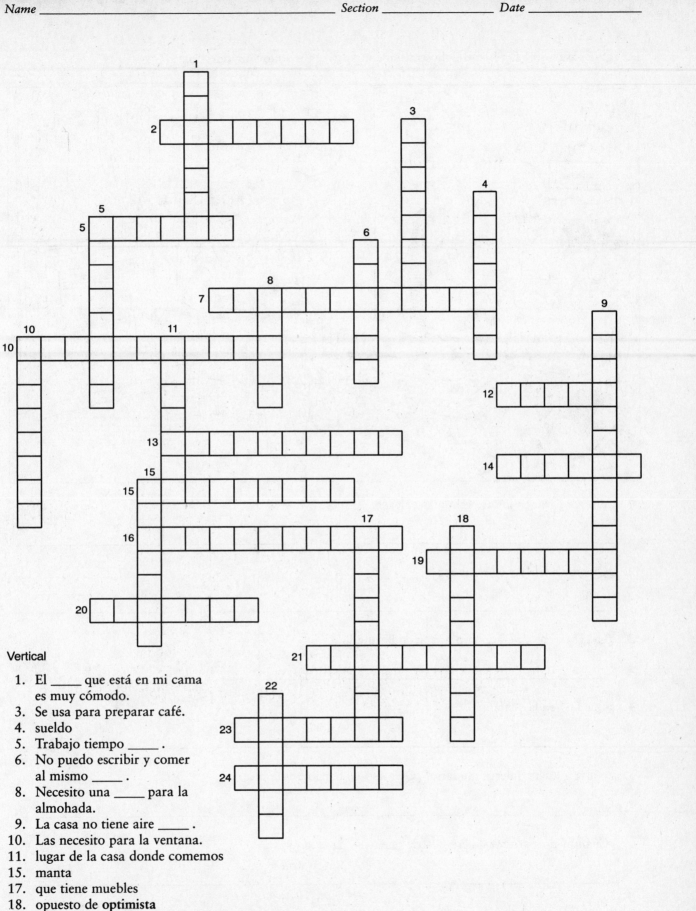

Vertical

1. El _____ que está en mi cama es muy cómodo.
3. Se usa para preparar café.
4. sueldo
5. Trabajo tiempo _____ .
6. No puedo escribir y comer al mismo _____ .
8. Necesito una _____ para la almohada.
9. La casa no tiene aire _____ .
10. Las necesito para la ventana.
11. lugar de la casa donde comemos
15. manta
17. que tiene muebles
18. opuesto de **optimista**
22. lugar de la casa donde ponemos los coches

H. ¿Qué pasa aquí? Look at the illustration and answer the following questions.

1. ¿En qué parte de la casa están las chicas?

   _____

2. ¿Qué muebles hay en el cuarto?

   _____

3. ¿La casa tiene calefacción o aire acondicionado?

   _____

4. ¿Qué hay en la ventana?

   _____

5. Beatriz y Lucía quieren mudarse. ¿Qué tipo de barrio busca Beatriz?

   _____

6. ¿Cuántos dormitorios quiere Beatriz que tenga la casa nueva?

   _____

7. Beatriz piensa que no van a poder comprar la casa que ella quiere a menos que ganen ¿qué?

_____

8. ¿Qué tipo de casa quiere Lucía?

_____

9. ¿Lucía trabaja medio día?

_____

10. ¿Julia ya tomó una decisión?

_____

11. ¿A quién va a llamar Julia?

_____

PARA LEER

Anuncios clasificados

Se vende: casa con cinco dormitorios, sala, comedor, cocina grande y tres cuartos de baño. Calefacción central y aire acondicionado. Garaje para tres coches, piscina y jardín. Situada en un barrio elegante, cerca de escuelas y de la playa. Precio: $450.000. Para más información, llame al teléfono 892–5740 de dos a seis de la tarde. Pregunte por la señora Montejo.

Se alquila: en edificio moderno, apartamento amueblado, con dos dormitorios, sala, dos baños y cocina pequeña con lavaplatos, horno microondas y refrigerador. Garaje. Situado cerca del centro. Alquiler: $600 al mes. El precio incluye la electricidad y el agua. Llame al teléfono 763–4102.

¡Conteste!

1. Oscar y Luisa Montalvo tienen seis hijos. ¿Cree Ud. que es mejor que compren la casa o que alquilen el apartamento? ¿Por qué?

   _____

   _____

2. A Paula le gusta mucho cocinar. ¿Qué ventaja *(advantage)* tiene si compra la casa?

   _____

3. La familia Vargas-Peña tiene tres coches. ¿Qué tipo de casa cree Ud. que necesita?

   _____

4. Marisa y Carmen trabajan en el centro y no tienen coche. ¿Qué ventaja tienen si alquilan el apartamento?

   _____

5. Los Ugarte ganaron la lotería. ¿Cree Ud. que van a mudarse a la casa o al apartamento?

   _____

6. Los Varela tienen dos hijos adolescentes a quienes les encanta nadar. ¿Por qué cree Ud. que ellos quieren que sus padres compren la casa?

   _____

   _____

7. Alina y Marcos no tienen dinero para comprar muebles y tienen un coche. ¿Cree Ud. que ellos quieren alquilar el apartamento? ¿Por qué?

   _____

   _____

8. ¿Qué otra ventaja tienen Alina y Marcos si alquilan el apartamento?

   _____

LECCIÓN 13

Name _____

LABORATORY

Section _____

ACTIVITIES

Date _____

I. PARA ESCUCHAR Y CONTESTAR

Diálogo: *Se alquila un apartamento*

The dialogue will be read first without pauses. Pay close attention to the speakers' intonation and pronunciation.

Irene y Lucía, dos chicas colombianas que estudian en la Universidad Nacional Autónoma de México y viven en una pensión, quieren mudarse porque necesitan un apartamento que esté más cerca de la universidad.

LUCÍA —¡Irene! En el periódico anuncian un apartamento que tiene dos dormitorios y está en un buen barrio.

IRENE —¡A ver! Dame el periódico.

Anuncios clasificados

Se alquila: apartamento amueblado:
dos recámaras, sala, comedor, cocina y
cuarto de baño. Calefacción central, aire
acondicionado. Colonia 1. Llamar al
teléfono 481–3520 de 1 a 5 de la tarde.
Alquiler: $3200.

LUCÍA —Podemos llamar para ir a verlo.

IRENE —No sé... Es muy caro para nosotras, Lucía. Además, necesitamos un apartamento que tenga garaje...

Al día siguiente, en cuanto vuelven de la universidad, las chicas van a ver el apartamento.

LUCÍA —¡Me encantan los muebles y las cortinas!

IRENE —Con el sueldo que nosotras ganamos no vamos a poder pagar el alquiler.

LUCÍA —Entonces en vez de trabajar medio día podemos trabajar tiempo completo.

IRENE —¡Estás loca! No hay nadie que pueda trabajar tiempo completo y al mismo tiempo estudiar en la universidad.

LUCÍA —¡No seas tan pesimista, Irene!

IRENE —No soy pesimista; soy realista. Además, vamos a necesitar dinero para comprar mantas, sábanas, fundas y utensilios de cocina.

Lección 13 Laboratory Activities

LUCÍA	—Irene, ven a la cocina. Mira, tiene refrigerador, microondas, lavaplatos, una cocina nueva... y un fregadero grande.
IRENE	—No podemos tomar una decisión hasta ver otros apartamentos.
LUCÍA	—Pero Irene, no vamos a encontrar ningún apartamento que sea tan bueno como éste.
IRENE	—Tal vez, pero no podemos pagar el alquiler de este apartamento.
LUCÍA	—Oye, ¿y si ganamos la lotería?
IRENE	—Hazme un favor, no digas tonterías. ¡Vámonos!
LUCÍA	—¡Aguafiestas!

Now the dialogue will be read with pauses for you to repeat what you hear. Imitate the speakers' intonation patterns.

Preguntas y respuestas

You will now hear questions about the dialogue. Answer each one, omitting the subject. The speaker will confirm your response. Repeat the correct response.

Situaciones

The speaker will present several situations based on the dialogue. Respond appropriately in Spanish to each situation. The speaker will confirm your response. Repeat the correct response. Follow the model.

> MODELO: You tell a real estate agent that you need an apartment that is near the university.
> **Necesito un apartamento que esté cerca de la universidad.**

II. PRONUNCIACIÓN

- When you hear the number, read the corresponding sentence aloud. Then listen to the speaker and repeat the sentence.

  1. Aquí anuncian un apartamento.
  2. Se alquila apartamento amueblado.
  3. Tiene calefacción central y aire acondicionado.
  4. Al día siguiente vuelven a la universidad.
  5. No soy pesimista sino realista.
  6. La cocina tiene refrigerador.
  7. No podemos tomar una decisión.
  8. Vamos a ganar la lotería.

III. ¡VAMOS A PRACTICAR!

A. Answer each question you hear with the familiar **tú** command of the corresponding verb. The speaker will confirm your response. Repeat the correct response. Follow the model.

> MODELO: —¿No vas a ir al baile?
> —**No, ve tú.**

B. Answer each question you hear in the negative, using the familiar **tú** command and the corresponding object pronoun. Remember that the negative **tú** command forms are the same as **tú** forms of the present subjunctive. The speaker will confirm your response. Repeat the correct response. Follow the model.

> MODELO: —¿Abro la puerta?
> —**No, no la abras.**

C. Respond to each statement you hear by using *qué* or *cuál* to formulate the question that would elicit the statement as an answer. The speaker will confirm your response. Repeat the correct response. Follow the model.

> MODELO: —Mi dirección es calle Libertad, número ciento veinte.
> —**¿Cuál es su dirección?**

D. Answer the following questions, using the present subjunctive and the cues provided. The speaker will confirm your response. Repeat the correct response. Follow the model.

> MODELO: —¿Qué necesita? (casa—ser cómoda)
> —**Necesito una casa que sea cómoda.**

1. (casa—tener garaje)   2. (secretaria—hablar español)   3. (empleado—saber francés)
4. (empleo—pagar bien)   5. (a alguien—poder limpiarlo)   6. (alquilar apartamento—ser grande)
7. (coche—no costar mucho)   8. (apartamento—estar amueblado)

E. Answer the following questions, using the present indicative and the cues provided. The speaker will confirm your response. Repeat the correct response. Follow the model.

> MODELO: —¿No hay nadie que sepa hablar inglés? (chica)
> —**Sí, hay una chica que sabe hablarlo.**

1. (muchas personas)   2. (señor)   3. (señora)   4. (estudiante)   5. (chico)   6. (dos)
7. (muchas)   8. (dos personas)

IV. EJERCICIO DE COMPRENSIÓN

Before listening to the dialogues in this section, study the comprehension questions below. Reviewing the questions ahead of time will help you to remember key information as you listen.

1. ¿Qué dice Alina que tienen que hacer ella y Marcos?
2. ¿Ellos viven muy cerca del trabajo de Marcos?
3. ¿Qué está leyendo Marcos?
4. ¿En qué calle está el apartamento que se anuncia?
5. ¿Cuántos dormitorios tiene?
6. ¿Qué más tiene?
7. ¿Cuándo pueden ir a verlo?
8. ¿A qué hora va a estar Marcos en su casa?
9. ¿Le gusta mucho el apartamento a Teresa?
10. ¿Está amueblado el apartamento?
11. ¿Qué les va a regalar la mamá de Teresa?
12. ¿Para qué cuarto necesitan muebles?
13. ¿Qué muebles tienen para el dormitorio?

14. ¿Tienen colchón?
15. ¿Qué necesitan hacer para poder mudarse?

Listen carefully to each dialogue and then answer the questions, omitting the subject. The speaker will confirm your response. Repeat the correct response.

V. PARA ESCUCHAR Y ESCRIBIR

Tome nota

You will hear a conversation between a real estate agent and a client. First listen carefully for general comprehension. Then, as you listen for a second time, fill in the information requested.

Agencia "La Cubana"
Calle 8, número 325
Miami, Florida
Tel. (305) 428–6345

❑ Se vende   ❑ Casa   ❑ Amueblado(-a)

❑ Se alquila   ❑ Apartamento   ❑ Sin muebles

Dirección:_____

Número de dormitorios _____
Número de cuartos de baño _____

❑ Sala   ❑ Calefacción

❑ Comedor   ❑ Aire acondicionado

❑ Salón de estar   ❑ Lavaplatos

❑ Jardín   ❑ Refrigerador

❑ Piscina

❑ Garaje (_____ coches)

Precio: _____

Puede verse: Días _____

                 Horas _____

Dictado

The speaker will read six sentences. Each sentence will be read twice. After the first reading, write what you heard. After the second reading, check your work and fill in what you missed.

1. _____

2. _____

3. _____

4. _____

5. _____

6. _____

LECCIÓN 14

Name _____

WORKBOOK

Section _____

ACTIVITIES

Date _____

A. Complete each sentence with either the subjunctive or the indicative, as appropriate.

1. Te voy a llamar en cuanto nosotros _____ (llegar).

2. Siempre te llamo en cuanto Marta _____ (llegar).

3. Vamos a esperar hasta que el doctor _____ (volver).

4. Voy a decírtelo cuando Marta me _____ (llamar).

5. Lo van a saber cuando yo se lo _____ (decir).

6. Se lo compré en cuanto Roberto me _____ (dar) el dinero.

7. Vamos a ir al cine cuando tú _____ (terminar).

8. Lo hizo tan pronto como yo se lo _____ (pedir).

9. Voy a salir tan pronto como ellos _____ (venir).

10. Siempre me espera hasta que yo _____ (terminar) el trabajo.

B. Complete the following sentences with the verbs given in parentheses.

1. Voy a comprar verduras para que ella _____ (preparar) una ensalada y también voy a comprar salsa de tomate para que tú _____ (hacer) ravioles.

2. No puedo ir al cine a menos que Uds. _____ (llevarme) y tampoco puedo comprar las entradas sin que papá _____ (darme) el dinero.

3. Voy a limpiar la casa en caso de que mi suegra _____ (venir) a visitarme y voy a preparar una ensalada de pollo para que _____ (poder) comer algo cuando llegue. Quiero hacer todo esto antes de que los niños _____ (venir) de la escuela.

4. Queremos llevar a los niños al circo para que _____ (divertirse), pero no podemos ir a menos que ellos _____ (darse) prisa porque ya es tarde.

5. Yo voy a ponerme a dieta con tal de que tú _____ (ponerte) a dieta también.

Lección 14 Workbook Activities **229**

C. Complete the following sentences with **sino** or **pero**.

1. No compramos mantequilla _____ margarina.

2. Hoy es feriado, _____ tenemos que trabajar.

3. No soy pesimista _____ realista.

4. Es verdad que ella hace las compras, _____ él le da el dinero.

5. Nosotros no fuimos al cine _____ al teatro.

6. No necesitaban manzanas _____ naranjas.

D. Answer the following questions in the affirmative, using the corresponding first-person plural command. Follow the model.

> MODELO: —¿Vamos a almorzar?
> —Sí, almorcemos ahora.

1. ¿Vamos a comer?

_____

2. ¿Vamos a salir?

_____

3. ¿Vamos a escribirlo?

_____

4. ¿Vamos a sentarnos?

_____

5. ¿Vamos a comprarlos?

_____

6. ¿Vamos a vestirnos?

_____

7. ¿Vamos a visitarla?

_____

8. ¿Vamos a decírselo?

_____

9. ¿Vamos a hacerlo?

_____

10. ¿Vamos a cenar?

_____

E. REVIEW OF THE COMMAND FORMS.

Complete the following dialogues with the appropriate command forms of the verbs given.

1. —Pablo, _____ (ir) al supermercado y _____ (comprar) frutas.

_____ (Traer) también zanahorias y apio.

—Ahora no puedo. _____ (Decirle) a Teresa que vaya y _____

(darle) el dinero.

2. —Laura, _____ (venir) aquí, _____ (hacerme) un favor.

_____ (Poner) la mantequilla en el refrigerador. No _____

(dejarla) en la mesa.

—Sí, señora. _____ (Decirme), ¿qué quiere que prepare para la cena?

—_____ (Preparar) una ensalada, pero no _____ (ponerle)

mucho vinagre.

3. —¿Vamos al teatro hoy?

—No, no _____ (ir) al teatro. _____ (Ir) al cine.

—Oye, mañana tenemos que levantarnos muy temprano.

—Entonces _____ (acostarse) temprano esta noche. ¿A qué hora tenemos que estar

en el aeropuerto?

—A las siete.

—Bueno, _____ (salir) de la casa a las seis.

—¿Le decimos a mamá que venga a quedarse con los chicos?

—Sí, _____ (llamarla) ahora mismo.

4. —Srta. Díaz, _____ (hacerme) un favor. _____ (Traerme) la

carta del Sr. Martínez y _____ (ponerla) en mi escritorio.

—Muy bien. ¿Le doy los documentos a Luisa?

—No, no _____ (dárselos) a ella; _____ (dárselos) a Marcos

porque él tiene que traducirlos. Ah, _____ (llamar) al Sr. Varela y

_____ (decirle) que venga mañana.

—¿Luisa y yo podemos ir a almorzar a las doce?

—Sí, _____ (ir), pero _____ (volver) antes de las dos.

F. The names of thirty things found in supermarkets are hidden in the puzzle. Find them by reading horizontally, vertically, and diagonally, and list them with their corresponding definite articles.

A	H	U	E	V	O	S	A	H	E	L	A	D	O	T	U	S	R	T	U	O	Z
Z	J	C	C	A	M	A	R	O	N	E	S	J	B	S	T	R	A	L	M	O	S
U	P	A	B	C	F	H	O	B	Z	T	A	P	I	O	J	A	R	N	O	S	T
C	A	R	N	E	B	A	R	Z	O	P	Q	O	E	R	T	P	V	Y	D	O	A
A	N	O	R	B	I	S	O	P	A	J	B	C	K	R	O	N	A	V	A	I	Z
R	M	A	T	O	Z	T	V	L	M	A	N	Z	A	N	A	R	C	V	A	V	A
M	A	N	P	L	E	C	H	U	G	A	O	T	O	R	T	A	M	C	O	L	O
M	A	M	E	L	O	N	C	H	V	T	N	A	R	A	N	J	A	L	B	C	V
E	J	C	S	A	B	L	V	Z	C	A	L	T	O	M	A	T	E	G	I	L	I
L	B	A	C	D	L	P	A	R	A	M	A	R	E	P	O	L	L	O	C	A	N
O	R	S	A	L	S	A	Z	N	Z	N	D	L	O	Q	F	T	O	P	R	D	A
C	T	K	D	M	O	A	P	F	G	O	A	J	K	A	U	P	F	P	O	I	G
O	U	M	O	K	P	U	A	H	L	O	S	H	L	M	V	I	H	Q	G	F	R
T	I	O	D	Z	R	I	B	G	O	N	S	M	O	N	J	L	L	M	H	G	E
O	M	P	I	V	T	N	Ñ	I	B	Z	T	T	N	R	K	Q	A	L	G	N	A
N	O	R	N	O	O	A	C	A	R	R	O	Z	A	L	I	Z	B	B	A	H	E
C	C	O	R	D	E	R	O	M	K	B	V	F	R	E	S	A	S	C	E	P	F
M	A	R	G	A	R	I	N	A	D	A	T	O	R	O	N	J	A	C	D	U	D

1. _____ _____
2. _____ _____
3. _____ _____
4. _____ _____
5. _____ _____
6. _____ _____
7. _____ _____
8. _____ _____
9. _____ _____
10. _____ _____
11. _____ _____
12. _____ _____
13. _____ _____
14. _____ _____
15. _____ _____
16. _____ _____

17. _____ _____
18. _____ _____
19. _____ _____
20. _____ _____
21. _____ _____
22. _____ _____
23. _____ _____
24. _____ _____
25. _____ _____
26. _____ _____
27. _____ _____
28. _____ _____
29. _____ _____
30. _____ _____
31. _____ _____
32. _____ _____

G. ¿Cómo se dice...? Write the following dialogues in Spanish.

1. "Anita, let's go to the movies tonight."
   "No, let's not go to the movies. Let's go to a concert."

   _____

   _____

2. "Let's take Paquito to the zoo . . . "
   "I don't feel like going to the zoo today. Why don't we take him to the amusement park?"
   "I don't know . . . Let's stay home!"

   _____

   _____

   _____

Lección 14 Workbook Activities **233**

3. "As soon as we finish the work, let's have lunch."
   "Okay. My treat!"

   _____

   _____

4. "Are you going to do the shopping, Mrs. Ramírez?"
   "Yes. Well, . . . now that I think about it, I can't go unless Ana stays with the children."

   _____

   _____

   _____

5. "Did you bring me a pineapple, Juanita?"
   "No, I didn't bring you a pineapple but a watermelon."

   _____

   _____

H. Crucigrama

Horizontal

2. apurarse: darse _____
3. Nos divertimos mucho en la montaña _____ .
4. Le pongo aceite y _____ a la ensalada.
6. ¿Cómo se dice "*cabbage*"?
9. Necesitamos papel _____ para el baño.
10. el vegetal favorito de Bugs Bunny
13. ¿Es una comedia o un _____ ?
14. Compramos vegetales en el _____ .
19. toronja
20. Se la ponemos al café.
23. Eva le dio una a Adán.
24. día de fiesta
25. Vamos allí para ver animales.
26. No tengo _____ de hacer nada hoy.
28. El Óscar es uno.

Vertical

1. Disneylandia es un parque de _____ .
4. vegetales
5. fruta cítrica
7. Tenemos que hacer _____ para comprar las entradas.
8. Tengo una _____ con Carlos. Vamos a ir a bailar.
11. Lo usamos para hacer salsa.
12. ¿Quieres margarina o _____ ?
13. doce de algo
15. Pide un _____ caliente.
16. fruta cítrica
17. ¿Cómo se dice "*celery*"?
18. Vamos al cine para verla.
21. ¿Cómo se dice "*watermelon*"?
22. melocotón
27. ¿Cómo se dice "*pear*"?

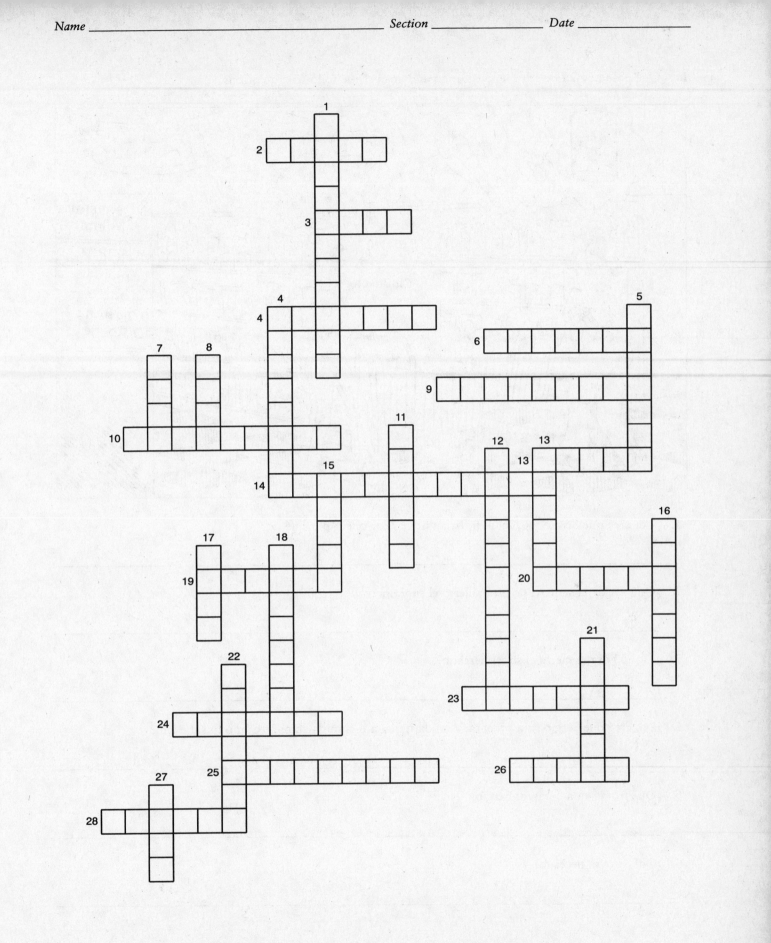

I. **¿Qué pasa aquí?** Look at the illustration and answer the following questions.

1. ¿Ud. cree que Sergio y Claudia trabajan hoy? ¿Por qué o por qué no?

   _____

2. ¿Qué día de la semana no está abierto el supermercado?

   _____

3. ¿A qué hora se cierra el supermercado?

   _____

4. ¿Ud. cree que Sergio va a preparar comida italiana o comida china? ¿Cómo lo sabe Ud.?

   _____

5. ¿Qué frutas va a comprar Sergio?

   _____

6. ¿Qué vegetal necesita?

   _____

7. ¿Cree Ud. que Claudia necesita ponerse a dieta?

_____

8. ¿Para quién va a preparar Claudia una cena especial?

_____

9. ¿Adónde quiere ir Marcelo?

_____

10. ¿Ud. cree que Claudia tiene ganas de ir a bailar o de ir al teatro?

_____

Lección 14 Workbook Activities **237**

Lección 14

LABORATORY
ACTIVITIES

Name _____

Section _____

Date _____

I. PARA ESCUCHAR Y CONTESTAR

Diálogo: *Planeando una cena*

The dialogue will be read first without pauses. Pay close attention to the speakers' intonation and pronunciation.

Oscar y Jorge, dos estudiantes cubanos que viven en Miami, deciden ir al mercado para hacer las compras de la semana. Por la noche piensan salir con dos chicas, Elsa y Adela. Tienen una cita para ir al cine, pero primero van a cocinar una cena para ellas en su apartamento. El supermercado se abre a las nueve y los muchachos son los primeros en llegar.

OSCAR   —Necesitamos muchas cosas: mantequilla, leche, una docena de huevos, pan, azúcar...

JORGE   —¿No vamos a comprar carne?

OSCAR   —Sí, compremos carne, pescado y pollo. También aceite, dos latas de frijoles y seis de salsa de tomate.

JORGE   —No, hombre, no compremos tanta salsa de tomate, a menos que quieras comer comida italiana por el resto del mes.

OSCAR   —Tienes razón. A ver... necesitamos manzanas, uvas, naranjas, melón, toronjas y peras para la ensalada de frutas...

JORGE   —¿Dónde están las verduras? Tenemos que comprar lechuga, papas, zanahorias, cebollas y tomates.

OSCAR   —El tomate no es una verdura sino una fruta... ¡Caramba! Ahora que lo pienso, esto va a costar una fortuna. Vamos a tener que ponernos a dieta.

JORGE   —Buena idea. Pongámonos a dieta, con tal que podamos comer perros calientes y hamburguesas de vez en cuando.

OSCAR   —Oye, apurémonos porque tenemos que limpiar el apartamento antes de que lleguen las chicas.

Después de cenar, Oscar, Elsa, Jorge y Adela van al cine. Ahora están haciendo cola para comprar las entradas.

ADELA   —Esta película ganó el premio como la mejor película del año.

ELSA   —Es un drama ¿verdad? Yo prefiero las comedias.

JORGE   —El próximo sábado, cuando vayamos al cine, podemos ver una película musical.

OSCAR   —No, no vayamos al cine otra vez. Vamos a un club a bailar.

ADELA   —Tengo ganas de tomar algo. ¿Por qué no vamos a la cafetería Versailles cuando termine la película? Yo invito.

JORGE   —Ésta es la última función, ¿no? ¿A qué hora termina la película?

OSCAR   —A eso de las doce.

Lección 14 Laboratory Activities   **239**

Tan pronto como termina la película, los chicos van a la cafetería a tomar algo y a charlar un rato.

ELSA —Como mañana es feriado, ¿por qué no vamos a la playa?
OSCAR —Sí, y llevemos algo para comer.
ADELA —¡Perfecto! En cuanto me levante voy a preparar una tortilla a la española.

Now the dialogue will be read with pauses for you to repeat what you hear. Imitate the speakers' intonation patterns.

Preguntas y respuestas

You will now hear questions about the dialogue. Answer each one, omitting the subject. The speaker will confirm your response. Repeat the correct response.

Situaciones

The speaker will present several situations based on the dialogue. Respond appropriately in Spanish to each situation. The speaker will confirm your response. Repeat the correct response. Follow the model.

MODELO: You tell a foreign visitor that July 4th is a holiday in the United States.
El cuatro de julio es feriado en los Estados Unidos.

II. PRONUNCIACIÓN

- When you hear the number, read the corresponding sentence aloud. Then listen to the speaker and repeat the sentence.

1. Necesitamos mantequilla y una docena de huevos.
2. No nos preocupemos por eso.
3. Tenemos que comprar zanahorias y cebollas.
4. Me recomendaron que viéramos esta película.
5. De haberlo sabido, no habría venido.
6. Pongámonos a dieta este mes.
7. Ésta es la última función.
8. Deciden verse otra vez.

III. ¡VAMOS A PRACTICAR!

A. Rephrase each statement you hear, using the cue provided. The speaker will confirm your response. Repeat the correct response. Follow the model.

MODELO: Me escribió cuando llegó. (Me va a escribir)
Me va a escribir cuando llegue.

1. (Voy a hacer las compras)   2. (Va a venir)   3. (Van a esperar)   4. (Voy a salir)

B. Answer the following questions in the affirmative, using the cues provided. The speaker will confirm your response. Repeat the correct response. Follow the model.

> MODELO: —¿Me vas a llevar al cine? (no llover)
> **—Sí, te voy a llevar con tal que no llueva.**

1. (tener tiempo)   2. (tú—darme dinero)

Now answer the questions in the negative, using the cues provided. Follow the new model.

> MODELO: —¿Van a hacer Uds. la ensalada? (Uds.—traer las frutas)
> **—No podemos hacerla sin que Uds. traigan las frutas.**

3. (Uds.—darnos dinero)   4. (Uds.—prestar el coche)

Now answer the following questions, using the cue provided. Follow the new model.

> MODELO: —¿Piensas ir al zoológico? (llover)
> **—Pienso ir a menos que llueva.**

5. (hacer frío)   6. (yo—tener que trabajar)

C. Restate each sentence you hear, to include the cue provided and **pero** or **sino** as appropriate. The speaker will confirm your response. Repeat the correct response. Follow the model.

> MODELO: No es rubio. (moreno)
> **No es rubio sino moreno.**

1. (hamburguesas)   2. (no tengo dinero)   3. (supermercado)   4. (apio)   5. (no van al teatro)

D. Change what you hear to the first-person plural. The speaker will confirm your response. Repeat the correct response. Follow the model.

> MODELO: Vamos a caminar.
> **Caminemos.**

E. Respond to each question you hear in the affirmative, using a first-person plural command. The speaker will confirm your response. Repeat the correct response. Follow the model.

> MODELO: —¿Nos sentamos?
> **—Sí, sentémonos.**

Now listen to the new model.

> MODELO: —¿Le damos el dinero?
> **—No, no se lo demos.**

IV. EJERCICIO DE COMPRENSIÓN

Before listening to the dialogues in this section, study the comprehension questions below. Reviewing the questions ahead of time will help you to remember key information as you listen.

1. ¿Adónde fueron anoche Estela y su esposo?
2. ¿Por qué fueron allí?

Lección 14 Laboratory Activities   **241**

3. ¿Qué comieron?
4. ¿Qué comieron de postre?
5. ¿Cuándo va a llamar Isabel a Estela?
6. ¿Adónde quiere ir José esta noche?
7. La película que quiere ver José, ¿es una comedia?
8. ¿Qué prefiere ver Carmen?
9. ¿Qué dice José de la película?
10. ¿Qué quiere ir a ver Carmen el sábado?
11. ¿A qué hora viene José por Carmen?
12. ¿Dónde van a sentarse Silvia y Eva?
13. ¿Qué quiere hacer Eva antes de que llegue el mozo?
14. ¿Para qué quiere llamarlo?
15. ¿Por qué le dice Silvia a Eva que no lo llame?
16. ¿Quién ve a Carlos todos los días?

Listen carefully to each dialogue and then answer the questions, omitting the subject and replacing direct objects with direct object pronouns. The speaker will confirm your response. Repeat the correct response.

V. PARA ESCUCHAR Y ESCRIBIR

Tome nota

You will hear a conversation between two roommates as they discuss what they are going to buy at the supermarket. First listen carefully for general comprehension. Then, as you listen for a second time, fill in the shopping list.

Frutas	Verduras	Carnes	Otros
1. _____	1. _____	1. _____	1. _____
2. _____	2. _____	2. _____	2. _____
3. _____	3. _____	3. _____	3. _____
4. _____	4. _____		4. _____
5. _____			5. _____
6. _____			

Name _____ Section _____ Date _____

Dictado

The speaker will read six sentences. Each sentence will be read twice. After the first reading, write what you heard. After the second reading, check your work and fill in what you missed.

1. _____

2. _____

3. _____

4. _____

5. _____

6. _____

CHECK YOUR PROGRESS
LECCIONES
13 y 14

Name _____

Section _____

Date _____

Lección 13

A. Complete the following paragraphs, using the Spanish equivalent of the words in parentheses.

1. _____ (*Tell me*), Anita, ¿puedes ir a ver el apartamento hoy?

   Si puedes, _____ (*call*) a Rocío y _____ (*tell her*) que

   vaya con nosotros. _____ (*Ask*) a tu papá si podemos usar su coche, pero...

   _____ (*don't tell him*) que voy a manejar yo!

2. ¡Vamos a comer, Raulito. _____ (*Wash*) las manos!

   _____ (*Sit*) aquí, en esta silla. _____ (*Put*) estos platos

   en la mesa, por favor, y _____ (*bring*) los vasos.

B. You have just met a new classmate. Ask him:

1. what his last name is.

   _____

2. what his phone number is.

   _____

3. what his favorite class is.

   _____

Check Your Progress (Lecciones 13 y 14)

C. You are moving to a Spanish-speaking country, where you have friends. Tell them what kind of house or apartment you need, what kind of car you need, and what kind of job you need.

_____

_____

_____

_____

_____

D. Answer the following questions, using complete sentences.

1. ¿Venden alguna casa en tu barrio que sea grande y elegante?

_____

2. ¿Conoces a alguien que quiera vender su casa?

_____

3. ¿Conoces a alguien que tenga mucho dinero?

_____

4. ¿Conoces a alguien que necesite una recepcionista?

_____

5. ¿Hay alguien en tu clase de español que hable francés?

_____

6. Tú eres gerente _(manager)_ de una compañía internacional. ¿Qué clase _(kind)_ de secretario(-a) buscas?

_____

_____

Lección 14

A. Complete the following sentences in your own words, using either the present indicative or the present subjunctive.

1. Mis padres siempre me dan dinero cuando _____ .

2. No puedo comprar las sábanas sin que _____ .

3. Me voy a mudar tan pronto como _____ .

4. Mis amigos me van a llamar en cuanto _____ .

5. Mi hermano siempre me espera hasta que _____ .

6. Voy a limpiar la casa en caso de que _____ .

7. No voy a alquilar el apartamento a menos que _____ .

B. Write the following dialogues in Spanish.

1. "Do you want Carlota's address?"
   "I don't want her address, but her phone number."

   _____

   _____

2. "Are you going to buy the curtains?"
   "I cannot buy them unless you give me the money."

   _____

   _____

C. Answer the following questions, using first-person plural commands (if appropriate) and the cues provided. Follow the model.

   MODELO: —¿Dónde estudiamos? (en casa)
             —**Estudiemos en casa.**

1. ¿Dónde almorzamos? (en la cafetería)

   _____

2. ¿Qué hacemos después de comer? (ir al cine)

   _____

3. ¿A quién le pedimos el dinero? (a Juan)

   _____

4. ¿Qué compramos en el supermercado? (mantequilla y frutas)

_____

5. ¿A qué hora nos levantamos mañana? (a las seis)

_____

D. In a brief paragraph, describe a dinner party you went to recently. Include who the guests were, where the dinner was held and why, the types of foods and beverages that were served, and if you and the other guests had a good time.

_____

_____

_____

_____

_____

_____

_____

LECCIÓN 15

WORKBOOK ACTIVITIES

Name _____

Section _____

Date _____

A. Write the following past participles in Spanish.

1. brought _____
2. covered _____
3. done _____
4. opened _____
5. used _____
6. said _____
7. written _____
8. eaten _____
9. returned _____

10. died _____
11. wrapped _____
12. broken _____
13. gone _____
14. changed _____
15. seen _____
16. received _____
17. read _____
18. put _____

B. Complete each sentence so that it describes the corresponding illustration.

1. El sofá está _____

_____ .

2. Los niños _____

_____ .

3. La _____

_____ .

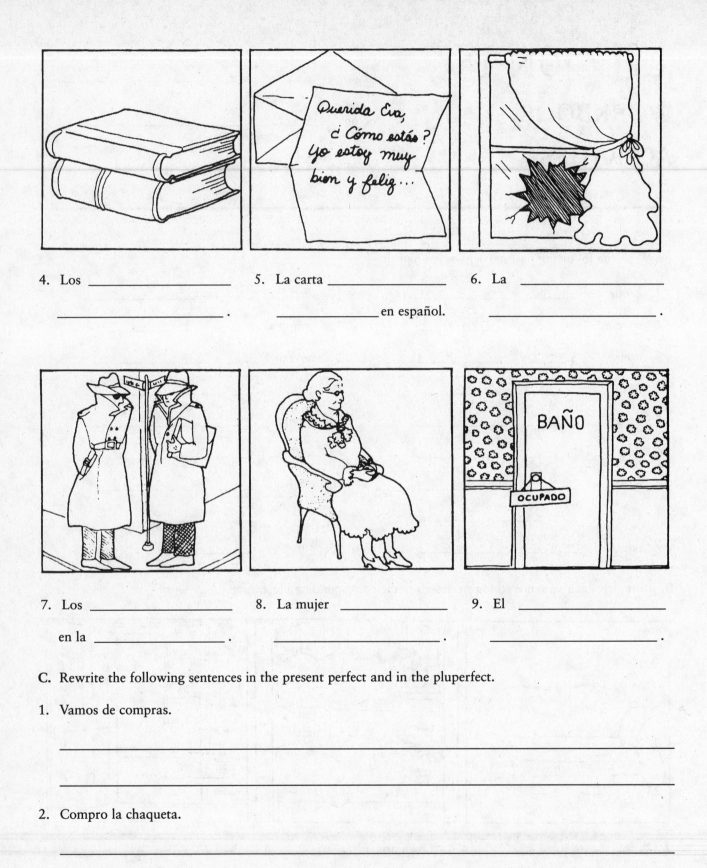

4. Los _____

_____ .

5. La carta _____

_____ en español.

6. La _____

_____ .

7. Los _____

en la _____ .

8. La mujer _____

_____ .

9. El _____

_____ .

C. Rewrite the following sentences in the present perfect and in the pluperfect.

1. Vamos de compras.

_____

_____

2. Compro la chaqueta.

_____

_____

3. Lo ponen en el ropero.

_____

_____

4. ¿Comes algo?

_____

_____

5. Se queda en la planta baja.

_____

_____

6. Salimos al mismo tiempo.

_____

_____

7. Abren el probador.

_____

_____

8. Me dices que sí.

_____

_____

Lección 15 Workbook Activities **251**

D. Supply the missing words, according to the clues. The letters in the center column will form a sentence. Write the sentence on the line provided.

1. lino   _ _ _ _

2. Lo usamos en invierno.   _ _ _ _ _ _

3. muy, muy barato   _ _ _ _

4. dos zapatos   _ _ _

5. llevar   _ _ _

6. tienda por departamentos   _ _ _ _ _ _

7. hace juego   _ _ _ _ _ _

8. Lo usan las mujeres.   _ _ _ _ _ _

9. Allí ponemos la ropa.   _ _ _ _ _ _

10. sección de una tienda   _ _ _ _ _ _ _ _ _ _

11. tipo de zapato   _ _ _ _

12. La usan los hombres.   _ _ _ _ _ _

13. Se usa con una falda.   _ _ _ _ _

14. billetera   _ _ _ _ _

15. opuesto de **estrecho**   _ _ _ _ _

16. devuelvo   _ _ _ _ _ _

_____

E. ¿Cómo se dice...? Write the following dialogues in Spanish.

1. "Are you going to buy the red purse, Marta?"
   "Yes, because it matches my sandals."

_____

_____

2. "Tell me, Anita. Where have you put your wallet?"
   "I've put it in my purse."

   _____

   _____

3. "Did Olga exchange the boots that you had bought her, Paquito?"
   "Yes, because they were too small for her."

   _____

   _____

4. "Anita, where have you been?"
   "At the shoe store."
   "Do you want to have something to eat?"
   "Yes, because I'm starving."

   _____

   _____

   _____

5. "Are you going to go shopping, Rosa?"
   "Yes, because I have nothing to wear."

   _____

   _____

6. "Were the stores open?"
   "No, they were closed."

   _____

   _____

Lección 15 Workbook Activities   **253**

F. Crucigrama

Horizontal

3. Son número nueve. Van a _____ grandes a ella.
5. Se puso un vestido de _____ para ir a la fiesta.
7. ¿Se lo envuelvo o quiere llevarlo _____ ?
9. Los usan los hombres en los pies.
11. Ponemos la ropa en el _____ .
14. La usamos cuando hace frío.
16. tienda donde venden zapatos
17. Tengo que comprar ropa porque no tengo nada que _____ .
20. rebaja
22. ¿Usa talla grande, pequeña o _____ ?
24. Voy a comprar ropa _____ .
25. ¡No te pongas esa _____ con esa camisa!
26. Se usan en los pies, especialmente en el verano.
27. Subió por la escalera _____ .

Vertical

1. La cartera hace _____ con los zapatos.
2. ¿Cómo se dice *"suit"*?
4. ¿Cómo se dice *"to meet"*?
6. me quedan chicos: me _____
8. talla
10. lugar de la tienda donde uno se prueba la ropa
12. ¿Están en el primer piso o en la _____ baja?
13. Se usan en las manos.
14. Compré la camisa en el departamento de ropa para _____ .
15. Me puse una blusa y una _____ .
17. ¿Cómo se dice *"pantyhose"*?
18. persona que trabaja en una tienda
19. lugar donde ponemos el dinero
21. ropero
23. Lo usan las mujeres para dormir.

Lección 15 Workbook Activities **255**

G. ¿Qué pasa aquí? Look at the illustration and answer the following questions.

1. ¿Qué problema tiene Raúl?

_____

2. ¿Qué quiere comprar él?

_____

3. ¿Cree Ud. que hoy hay una liquidación en la tienda?

_____

4. ¿Cree Ud. que Jorge va a comprar los zapatos que le muestra el dependiente? ¿Por qué o por qué no?

_____

5. ¿Qué ha comprado ya Jorge?

_____

6. ¿Con quién se va a encontrar el dependiente?

_____

7. ¿Qué ha comprado Julia para su esposo?

_____

8. ¿Qué ha comprado para ella?

_____

9. ¿Qué talla usa Julia?

_____

10. ¿A qué departamentos ha ido Julia hoy?

_____

PARA LEER

La cinta de José Luis

A José Luis no le gusta escribir, y por eso todos los meses les manda a sus padres una cinta, contándoles cómo le va. Ésta es la que les mandó el mes pasado.

    ¡Hola! ¿Cómo están todos? Yo estoy bien, pero muy cansado porque Carlos y yo hemos estado trabajando mucho para limpiar y arreglar° nuestro nuevo apartamento. Nos mudamos el sábado pasado y, como el apartamento sólo estaba parcialmente amueblado, tuvimos que comprar una cómoda, un sofá y dos mesitas de noche. ¡Gracias por el cheque! En cuanto me gradúe° de la universidad y consiga un buen trabajo, les voy a devolver todo lo que les debo.° Bueno... ¡no creo que pueda devolvérselo todo!

    Ayer fui de compras porque tenían una gran liquidación en mi tienda favorita. Ya compré casi todos los regalos de Navidad. A abuelo le compré unos pañuelos y a abuela un camisón. Para Anita compré una blusa rosada y para Jorge una corbata. No les digo lo que compré para ustedes porque quiero que sea una sorpresa.

    Yo había pensado invitar a Carlos a pasar la Navidad con nosotros, pero ya lo invitaron unos tíos que viven en Rosario.[1]

    ¡Ah! Todavía estoy buscando a alguien que me lleve en coche a Córdoba[1] en diciembre; si no encuentro a nadie, voy a tomar el tren.

    Mamá, hazme un favor: dile a Silvia que me escriba o me llame por teléfono.

    Bueno, denle cariños° a toda la familia. Los veo en diciembre. ¡Chau!

fix up

I graduate

I owe

love

---

[1] Argentinian cities

    Lección 15 Workbook Activities   **257**

¡Conteste!

1. ¿Cuándo les mandó José Luis la cinta a sus padres?

   _____

2. ¿Se mudaron durante un fin de semana?

   _____

3. ¿El apartamento tenía todos los muebles que los muchachos necesitaban?

   _____

4. ¿José Luis ya terminó sus estudios en la universidad? (¿Cómo lo sabe Ud.?)

   _____

5. ¿Por qué fue José Luis de compras a su tienda favorita?

   _____

6. ¿Los abuelos de José Luis viven todavía? (¿Cómo lo sabe Ud.?)

   _____

7. ¿Quiénes cree Ud. que son Anita y Jorge?

   _____

8. ¿Carlos va a pasar la Navidad en Córdoba? (¿Por qué?)

   _____

9. ¿Ya ha encontrado José Luis a alguien que lo lleve a Córdoba?

   _____

10. ¿Qué quiere José Luis que haga Silvia?

   _____

Lección 15

LABORATORY
ACTIVITIES

Name _____

Section _____

Date _____

I. PARA ESCUCHAR Y CONTESTAR

Diálogo: *De compras*

The dialogue will be read first without pauses. Pay close attention to the speakers' intonation and pronunciation.

Anita y su esposo Hugo han abierto el armario y han dicho, casi al mismo tiempo: "¡No tengo nada que ponerme!" Han decidido, pues, ir de compras a El Corte Inglés, una tienda por departamentos que está en el centro de Madrid.

Cuando llegan, la tienda no está abierta todavía, pero ya hay mucha gente porque hoy hay una gran rebaja.

A las nueve entran en la tienda. Anita sube por la escalera mecánica hasta el primer piso, donde está el departamento de ropa para señoras. Hugo se queda en el departamento de ropa para caballeros, que está en la planta baja.

En el departamento de ropa para señoras, Anita se encuentra con su amiga Tere.

ANITA —¿Qué tal? Aprovechando las rebajas, ¿no? Dime Tere, ¿cuánto cuesta esa blusa de seda?

TERE —Dos mil ochocientas pesetas. ¿Qué talla usas?

ANITA —Uso talla treinta y ocho. Voy a probármela.

TERE —Espera, ¿no te gusta esta falda? Combina muy bien con la blusa y es talla mediana. Pruébatela. El probador está a la izquierda.

ANITA —Tere, hazme un favor. Tráeme una falda talla treinta y seis.

TERE —Espera... Lo siento, no hay tallas más pequeñas. ¿Por qué no te pruebas este suéter?

ANITA —No... no me gusta...

Anita compró la blusa, pero no compró la falda porque le quedaba grande y era demasiado cara. Después fue a la zapatería porque necesitaba comprar un par de zapatos rojos para combinar con un bolso rojo que Hugo le había regalado.

ANITA —¿Tiene zapatos rojos?

DEPENDIENTE —Lo siento, señora, pero en rojo sólo tengo estas sandalias.

ANITA —Son bonitas. Yo calzo el treinta y seis. ¿Las tiene en mi número?

DEPENDIENTE —Sí, en seguida vuelvo.

El dependiente le prueba las sandalias.

ANITA —Me aprietan... Son un poco estrechas... pero me las llevo.

DEPENDIENTE —¿Se las envuelvo o quiere llevárselas puestas?

ANITA —Envuélvamelas, por favor. ¡Son una ganga!

En el departamento de ropa para caballeros, Hugo ha comprado un traje de lana, tres camisas de algodón, dos camisetas, un chaleco y una chaqueta de lino. También ha cambiado un par de botas que había comprado porque eran muy anchas. Hugo, Anita y Tere se encuentran a la salida.

ANITA —Hugo, llévanos a comer algo. ¡Estamos muertas de hambre!

HUGO —¡Yo también! Esperadme aquí. Yo voy por el coche.

ANITA —¿Has estado en el restaurante Villa Alegre alguna vez?

TERE —Sí, es muy bueno. Vamos a ése.

Now the dialogue will be read with pauses for you to repeat what you hear. Imitate the speakers' intonation patterns.

Preguntas y respuestas

You will now hear questions about the dialogue. Answer each one, omitting the subject. The speaker will confirm your response. Repeat the correct response.

Situaciones

The speaker will present several situations based on the dialogue. Respond appropriately in Spanish to each situation. The speaker will confirm your response. Repeat the correct response. Follow the model.

MODELO: You tell a friend that you have nothing to wear.
No tengo nada que ponerme.

II. PRONUNCIACIÓN

- When you hear the number, read the corresponding sentence aloud. Then listen to the speaker and repeat the sentence.

1. El probador está a la izquierda.
2. Tráeme una blusa talla treinta y seis.
3. El dependiente le prueba las sandalias.
4. Quiere llevárselas puestas.
5. Envuélvamelas, por favor.
6. Está en el departamento de ropa para caballeros.
7. Me aprietan un poco, pero me las llevo.
8. Las botas le quedaban chicas.

III. ¡VAMOS A PRACTICAR!

A. You will hear a series of verbs in the infinitive. Give the past participle of each verb. The speaker will confirm your response. Repeat the correct response. Follow the model.

MODELO: hablar
hablado

B. Answer each question you hear by saying that the action described has already been completed. The speaker will confirm your response. Repeat the correct response. Follow the model.

 MODELO: —¿No van a abrir los libros?
 —**Están abiertos.**

C. Change the verb in each sentence you hear to the present perfect tense. The speaker will confirm your response. Repeat the correct response. Follow the model.

 MODELO: Yo hablo con ella.
 Yo he hablado con ella.

D. Change the verb in each sentence you hear to the past perfect tense. The speaker will confirm your response. Repeat the correct response. Follow the model.

 MODELO: Ella no se fue.
 Ella no se había ido.

IV. EJERCICIO DE COMPRENSIÓN

Before listening to the dialogues in this section, study the comprehension questions below. Reviewing the questions ahead of time will help you to remember key information as you listen.

1. ¿Cuándo es la fiesta de Carmen?
2. ¿Por qué no va a poder ir Alicia a la fiesta?
3. ¿Qué hay en la tienda La Francia?
4. ¿Por qué no puede ir de compras Alicia?
5. ¿Qué puede prestarle Marta a Alicia?
6. ¿Qué talla usan Marta y Alicia?
7. ¿Qué desea el señor?
8. ¿Qué talla usa?
9. ¿Cómo le queda la chaqueta?
10. ¿Qué más va a probarse el señor?
11. ¿Dónde está el probador?
12. ¿Qué más necesita el señor?
13. ¿Qué quiere probarse la señorita?
14. ¿Qué número calza ella?
15. ¿Le quedan bien las sandalias o le aprietan?
16. ¿Tienen sandalias más grandes?
17. ¿Tienen una rebaja en la zapatería hoy?
18. ¿La señorita quiere comprar algo más?

Listen carefully to each dialogue and then answer the questions, omitting the subject. The speaker will confirm your response. Repeat the correct response.

V. PARA ESCUCHAR Y ESCRIBIR

Tome nota

You will hear a conversation in which Eva and José discuss their plans to go shopping. First listen carefully for general comprehension. Then, as you listen for a second time, fill in each person's shopping list.

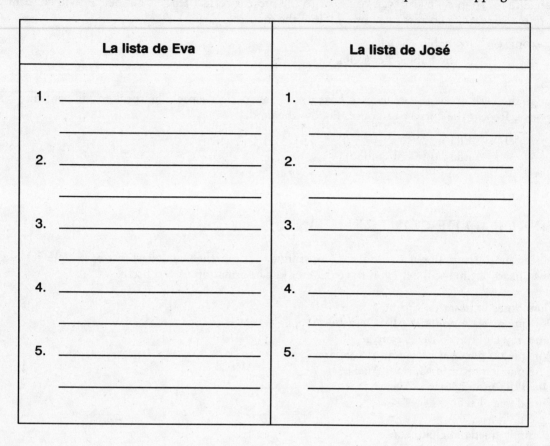

La lista de Eva	La lista de José
1. _____	1. _____
_____	_____
2. _____	2. _____
_____	_____
3. _____	3. _____
_____	_____
4. _____	4. _____
_____	_____
5. _____	5. _____
_____	_____

Dictado

The speaker will read six sentences. Each sentence will be read twice. After the first reading, write what you heard. After the second reading, check your work and fill in what you missed.

1. _____

2. _____

3. _____

4. _____

5. _____

6. _____

LECCIÓN 16

WORKBOOK
ACTIVITIES

Name _____

Section _____

Date _____

A. Complete the chart with the corresponding forms of the future tense.

Infinitive	yo	tú	Ud., él, ella	nosotros	Uds., ellos, ellas
1. sacar					
2. decir	diré				
3. hacer		harás			
4. querer			querrá		
5. saber				sabremos	
6. poder					podrán
7. caber	cabré				
8. poner		pondrás			
9. venir			vendrá		
10. tener				tendremos	
11. salir					saldrán
12. valer	valdré				
13. ir		irás			
14. ser			será		

B. Answer the following questions, using the cues provided, and substituting direct object pronouns for direct objects. Follow the model.

MODELO: —¿Cuándo tomarán Uds. esa clase? (el semestre próximo)
—**La tomaremos el semestre próximo.**

1. ¿Cuándo hablarás tú con el consejero? (mañana)

_____

Lección 16 Workbook Activities **263**

2. ¿Cuándo solicitará Raquel la beca? (la semana próxima)

_____

3. ¿Cuándo sabrás tú la nota? (esta noche)

_____

4. ¿Cuándo podrá venir el abogado? (esta tarde)

_____

5. ¿Dónde pondrás el informe? (en su escritorio)

_____

6. ¿Con quién vendrás al estadio? (con David)

_____

7. ¿Qué traerán Uds.? (una calculadora)

_____

8. ¿Qué tendremos que hacer él y yo? (matricularse)

_____

9. ¿Cuándo se graduarán Uds.? (en junio)

_____

10. ¿A qué hora saldrán Uds. mañana? (a las seis)

_____

C. Answer the following questions, using the cues provided. Follow the model.

MODELO: —¿Qué dijo él? (venir)
—**Dijo que vendría.**

1. ¿Qué dijeron ellos? (ir)

_____

2. ¿Qué dije yo? (hacerlo)

_____

3. ¿Qué dijiste tú? (salir)

_____

264 *Lección 16 Workbook Activities*

4. ¿Qué dijimos Ana y yo? (jugar aquí)

_____

5. ¿Qué dijeron Uds.? (ponerlo allí)

_____

6. ¿Qué dijo ella? (estudiar periodismo)

_____

7. ¿Qué dijo Ud.? (no decir nada)

_____

8. ¿Qué dijiste? (tener que mantener un buen promedio)

_____

9. ¿Qué dijeron Uds.? (ellos—no caber)

_____

10. ¿Qué dijo él? (aprobar el examen)

_____

D. Complete the following sentences, using the conditional tense.

En un mundo perfecto...

1. ...yo _____ (levantarse) más temprano y _____ (acostarse)

   más tarde. _____ (Ir) a la biblioteca los sábados y _____

   (estudiar) hasta las cinco. _____ (Salir) de mi casa a las siete y

   _____ (pasar) una hora en la biblioteca estudiando.

2. ...mis padres _____ (trabajar) menos y _____ (divertirse) más.

   _____ (Tener) más tiempo libre y _____ (hacer) muchas cosas

   que siempre han querido hacer.

3. ...todos nosotros _____ (ahorrar) más dinero y _____ (poder)

   comprar el coche que queremos.

E. Answer the following questions in the affirmative, using the future perfect tense. Follow the model.

    MODELO: —¿Ya habrás terminado el informe para el lunes?
                —**Sí, ya lo habré terminado para el lunes.**

1. ¿Ya habrán tomado Uds. todos los requisitos para el semestre próximo?

    _____

2. ¿Ya habrán tomado ellos el examen parcial para octubre?

    _____

3. ¿Ya habrán terminado todos los partidos para marzo?

    _____

4. ¿Tú habrás entregado el informe para el lunes?

    _____

5. Para el semestre próximo, ¿ya habrás decidido cuál será tu especialización?

    _____

6. ¿Ya habrán hecho Uds. la investigación para abril?

    _____

7. ¿Ya se habrán terminado las clases para mayo?

    _____

8. ¿Ya te habrás graduado para junio?

    _____

F. Complete the chart with the corresponding forms of the conditional perfect tense.

English	Subject	Conditional *haber*	Past participle
1. I would have gone.	**Yo**	**habría**	**ido.**
2. You would have walked.	Tú		
3. He would have come.			venido.
4. She would have worked.	Ella		
5. We would have won.		habríamos	
6. I would have helped.			ayudado.
7. They would have played.			jugado.

English	Subject	Conditional *haber*	Past participle
8. I would have danced.		habría	
9. You would have called.	Tú		
10. He would have written.		habría	
11. She would have driven.	Ella		
12. We would have eaten.		habríamos	
13. They would have returned.			vuelto.

G. Complete the following sentences to say what everyone would have done before graduating from college, using the conditional perfect tense.

1. Yo _____ (tomar) los requisitos antes *(sooner)*.

2. Tú _____ (solicitar) una beca.

3. Mi hermano _____ (jugar) al fútbol americano.

4. Mi hermana _____ (aprender) otros idiomas.

5. Mi compañera de cuarto _____ (estudiar) más.

6. Mi novio y yo _____ (ir) a todos los partidos.

7. Uds. _____ (gastar) menos dinero.

8. Yo _____ (mantener) un promedio de "A".

H. REVIEW OF THE TENSES OF THE INDICATIVE.

Complete the following dialogues, using the verbs given in parentheses and the tenses indicated.

1. *Presente*

—¿Dónde _____ (estar) mi libro? No lo _____ (encontrar).

—Yo no _____ (saber). Tú nunca lo _____ (poner) en tu

escritorio.

—¿Tú _____ (poder) prestarme el tuyo?

—No, no lo _____ (tener) aquí.

Lección 16 Workbook Activities **267**

2. *Pretérito*

—¿Tú _____ (ir) al estadio anoche?

—No, no _____ (poder) ir porque _____ (tener) que estudiar.

¿Qué _____ (hacer) tú?

—Yo _____ (trabajar) hasta las nueve y _____ (volver) a casa

a las diez.

3. *Imperfecto*

—¿Uds. _____ (ir) a todos los partidos de fútbol cuando

_____ (estar) en la universidad?

—Sí, _____ (ser) fanáticos de los deportes. También _____

(ver) todos los partidos en la televisión. ¿Y tú?

—Yo _____ (preferir) ir a fiestas.

4. *Futuro*

—¿Qué _____ (hacer) tú mañana? ¿_____ (Ir) al club?

—No, no _____ (poder) ir porque _____ (tener) que estudiar

para el examen parcial.

5. *Condicional*

—Voy a tomar química.

—Yo no la _____ (tomar) este semestre. _____ (Esperar) hasta

el próximo semestre.

—En ese caso _____ (tener) que tomar biología y eso _____

(ser) más difícil.

6. *Pretérito perfecto*

—¿Dónde _____ (estar) tú hoy?

—_____ (estar) en la universidad, hablando con unos jóvenes que

_____ (venir) de Cuba. ¿Y qué _____ (hacer) Uds.?

—No _____ (hacer) nada.

7. *Pluscuamperfecto*

   —Cuando tú llegaste a casa, ¿ya _____ (venir) los carpinteros?

   —No, porque Olga no los _____ (llamar).

8. *Futuro perfecto*

   —Yo ya _____ (graduarme) para el año 2001. Y Uds., ¿_____

   (terminar) su carrera?

   —Sí, y _____ (empezar) a trabajar.

9. *Condicional perfecto*

   —De haber sabido que esta asignatura era tan difícil, yo no la _____ (tomar).

   —Eva y yo no la _____ (tomar) tampoco.

   —¿Qué _____ (hacer) Uds.?

   —_____ (tomar) literatura.

I. **¿Cómo se dice...?** Write the following dialogues in Spanish.

1. "Aren't you going to the game with your parents, Anita?"
   "No, because I get home at six, and by then they will have left."

   _____

   _____

   _____

2. "I got a 'D' in chemistry."
   "Had you followed my advice, you would have gotten a good grade."

   _____

   _____

3. "I'm going to take accounting."
   "I would take business administration."

   _____

   _____

Lección 16 Workbook Activities **269**

4. "Will you have a good schedule?"
   "No, I will have to take classes in the morning and in the afternoon. I won't be able to work."

   _____

   _____

   _____

J. Crucigrama

Horizontal

2. Estudiamos fórmulas en nuestra clase de _____ .
5. persona que da consejos
6. No es un curso electivo; es un _____ .
8. ¿Cómo se dice *"engineering"*?
11. Estudiamos los poemas de Poe en nuestra clase de _____ .
14. opuesto de **quedar suspendido**
15. materia
16. No pago matrícula porque tengo una _____ .
17. Voy a enseñar español. Mi _____ es el español.
20. Tengo una "A" y una "C". Mi _____ es "B".
21. Quiero trabajar en un laboratorio porque me gusta la _____ .
22. Vamos a ir a ver un _____ de fútbol.
23. Estudia en la _____ de derecho.
25. Ella es una mujer de _____ .

Vertical

1. Estudiamos los problemas de las grandes ciudades en la clase de _____ .
3. ¿Uds. tienen el sistema de trimestre o de _____ ?
4. Espero sacar una buena _____ en mi clase de inglés.
7. hombre de Latinoamérica
9. Estudia administración de _____ .
10. No sé a qué hora es la clase porque no tengo mi _____ .
12. Tengo que dar un _____ oral en mi clase de inglés.
13. Estudiamos álgebra en mi clase de _____ .
17. Mañana tengo un _____ parcial.
18. Necesito una _____ para multiplicar todos esos números.
19. Quiere _____ en la universidad este otoño.
20. Si vas a ser periodista, tienes que estudiar _____ .
24. El _____ que me gusta es el tenis.

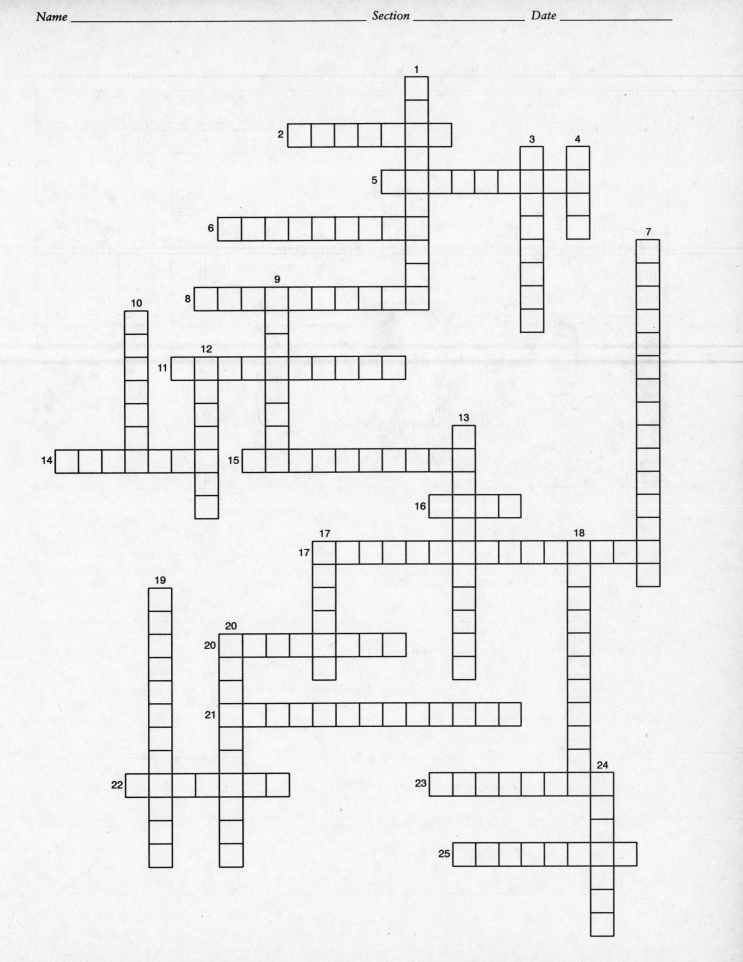

K. ¿Qué pasa aquí? Look at the illustration and answer the following questions.

1. ¿Qué nota teme recibir Andrés en el examen de química?

   _____

2. ¿Cree Julio que Andrés quedará suspendido?

   _____

3. ¿Qué espera el papá de Julia que estudie su hija?

   _____

4. ¿Qué quiere estudiar Julia?

   _____

5. ¿Qué cree el papá de Lola que pasará en el año 2002?

   _____

6. ¿Qué hará Lola cuando termine el semestre?

   _____

7. ¿Qué nota cree Jorge que él sacará en matemáticas?

   _____

8. ¿Cree Ud. que a Jorge le gusta la literatura?

   _____

9. ¿Cree Ud. que Jorge estudia mucho para su clase de literatura?

   _____

10. ¿Qué promedio tendrá que mantener Adela para que le den la beca?

   _____

11. ¿Qué cree Ud. que hará Adela en cuanto llegue a su casa? (¿Cómo lo sabe Ud.?)

   _____

Lección 16 Workbook Activities   **273**

LECCIÓN 16

LABORATORY

ACTIVITIES

Name _____

Section _____

Date _____

I. PARA ESCUCHAR Y CONTESTAR

Diálogo: *Las carreras*

The dialogue will be read first without pauses. Pay close attention to the speakers' intonation and pronunciation.

Alina y Daniel son dos jóvenes latinoamericanos que están estudiando en la Universidad de California en Los Ángeles. Alina es cubana y Daniel es argentino. Los dos están tomando una clase de administración de empresas.

ALINA —Tendré que matricularme en la clase de sociología de la Dra. Saldívar. No podré tomar la clase del profesor Wilson porque a esa hora tengo que tomar física.

DANIEL —Yo tomaría esa clase contigo, pero necesito tomar otras asignaturas. Mi consejero me ha sugerido que tome química, cálculo y geología.

ALINA —Tu especialización es química, ¿no? ¿Siempre te han gustado las ciencias?

DANIEL —Sí, mi padre quiere que sea abogado como él, pero yo asistí a la Facultad de Derecho en Buenos Aires y no me gustó.

ALINA —De haber seguido los consejos de mis padres, yo habría estudiado ingeniería o contabilidad, pero yo decidí estudiar periodismo.

DANIEL —¡Y serás una periodista magnífica!

ALINA —Gracias. Oye, tú te habrás graduado para el año próximo, ¿verdad? ¿Qué harás después?

DANIEL —Quiero trabajar en un laboratorio, porque me gusta mucho la investigación. ¿Y tú? ¿Cuáles son tus planes?

ALINA —Probablemente trabajaré para un periódico... Sé que tendré que preocuparme por eso más tarde, pero por el momento mis planes son terminar el informe que estoy preparando para mi clase de literatura y sacar una "A" en el examen de psicología.

DANIEL —¡Pero, Alina, lo único importante no son las notas! Tienes que divertirte un poco. ¿Te gustaría ir conmigo al estadio esta noche? Hay un partido de fútbol y juega nuestro equipo.

ALINA —No puedo. Tengo una beca y necesito mantener un buen promedio. Si saco una mala nota, perderé la beca. Además, no me gustan los deportes.

DANIEL —Hablando de notas... ahora me acuerdo de que tengo un examen parcial en mi clase de matemáticas mañana.

ALINA —Supongo que quieres que te preste mi calculadora, como siempre.

DANIEL —Gracias, flaca. Me voy, porque David quiere que lo ayude con su informe de biología y ya es tarde. ¡Chau!

ALINA —Hasta mañana. ¿Almorzamos juntos al mediodía?

DANIEL —Sí, para esa hora habré terminado el examen y estaré libre.

Now the dialogue will be read with pauses for you to repeat what you hear. Imitate the speakers' intonation patterns.

Lección 16 Laboratory Activities

Preguntas y respuestas

You will now hear questions about the dialogue. Answer each one, omitting the subject. The speaker will confirm your response. Repeat the correct response.

Situaciones

The speaker will present several situations based on the dialogue. Respond appropriately in Spanish to each situation. The speaker will confirm your response. Repeat the correct response. Follow the model.

> MODELO: Your best friend has applied for a scholarship. You tell her that you hope she gets it.
> **Espero que consigas la beca.**

II. PRONUNCIACIÓN

- When you hear the number, read the corresponding sentence aloud. Then listen to the speaker and repeat the sentence.

1. Necesito tomar otras asignaturas.
2. Su especialización es química.
3. ¿Siempre te han gustado las ciencias?
4. Yo habría estudiado ingeniería.
5. Se habrá graduado para el año próximo.
6. Me gusta la investigación.
7. Tendré que preocuparme por eso más tarde.
8. Necesito mantener un buen promedio.
9. Tengo un examen parcial en mi clase de física.
10. Para esa hora habré terminado y estaré libre.

III. ¡VAMOS A PRACTICAR!

A. Answer each question you hear in the affirmative, using the future tense. The speaker will confirm your response. Repeat the correct response. Follow the model.

> MODELO: —¿Tú vas a ir a Madrid?
> **—Sí, iré a Madrid.**

B. You will hear some statements about what people are going to do. Using the cues, say what others would do. The speaker will confirm your response. Repeat the correct response. Follow the model.

> MODELO: —Carlos va a tomar cálculo. (yo—psicología)
> **—Yo tomaría psicología.**

1. (nosotros—cine)   2. (Uds.—un libro)   3. (yo—biblioteca)   4. (ella—mañana)
5. (tú—veinte)   6. (nosotras—a las diez)   7. (yo—el domingo)   8. (nosotros—a las siete)
9. (mi secretario—casillero)   10. (yo—hoy)

C. Respond to the following questions, using the cues provided and the future perfect tense. The speaker will confirm your response. Repeat the correct response. Follow the model.

> MODELO: —¿Qué habrá hecho Jorge para las ocho? (cenar)
> —**Para las ocho habrá cenado.**

1. (empezar las clases)   2. (levantarme)   3. (terminar la lección)   4. (hablar con el consejero)
5. (ir al examen)

D. Respond to each statement you hear, using the cue provided and the conditional perfect tense. The speaker will confirm your response. Repeat the correct response. Follow the model.

> MODELO: —Elsa todavía no se matriculó. (nosotros)
> —**Nosotros ya nos habríamos matriculado.**

1. (Raúl)   2. (Dr. Vega)   3. (nosotros)   4. (yo)   5. (tú)   6. (Uds.)

Now follow the new model.

> MODELO: —Luis no entendió nada. (tú)
> —**Tú tampoco habrías entendido nada.**

7. (yo)   8. (tú)   9. (ella)   10. (Uds.)   11. (Ud.)

IV. EJERCICIO DE COMPRENSIÓN

Before listening to the dialogues in this section, study the comprehension questions below. Reviewing the questions ahead of time will help you to remember key information as you listen.

1. ¿Con quién habló Susana?
2. ¿Cuándo habló con él?
3. ¿Qué quiere el consejero que tome?
4. ¿Qué clases va a tomar Susana?
5. ¿Qué le gustaría ser a Susana?
6. ¿Dónde estudia Carlos?
7. ¿Qué quería ser el papá de Anita cuando era chico?
8. ¿Qué habría estudiado su papá?
9. ¿Cuándo decidió ser profesor de francés?
10. ¿Cuándo fue a París?
11. ¿Dónde había estudiado francés antes?
12. ¿Qué otra asignatura le gustaba cuando estaba en la escuela secundaria?
13. ¿Qué quería escribir cuando estaba en la escuela secundaria?
14. ¿Cuándo piensa escribir un libro?

Listen carefully to each dialogue and then answer the questions, omitting the subject. The speaker will confirm your response. Repeat the correct response.

Lección 16 Laboratory Activities **277**

V. PARA ESCUCHAR Y ESCRIBIR

Tome nota

You will hear a conversation between a student and her academic advisor. First listen carefully for general comprehension. Then, as you listen for a second time, fill in the student's name and class schedule.

Horario de clases			Sr. Sra. _____ Srta.			
Hora	lunes	martes	miércoles	jueves	viernes	sábado
8:00						
9:00						
10:00						
11:00						
12:00						
1:00						
2:00						
3:00						
4:00						
5:00						

Dictado

The speaker will read six sentences. Each sentence will be read twice. After the first reading, write what you heard. After the second reading, check your work and fill in what you missed.

1. _____

2. _____

3. _____

4. _____

5. _____

6. _____

CHECK YOUR PROGRESS

LECCIONES 15 y 16

Name _____

Section _____

Date _____

Lección 15

A. Answer the following questions, using the past participle of the verbs listed.

envolver   escribir   romper   cerrar   abrir

1. Todas las puertas estaban _____ .

2. El banco está _____ hoy porque es domingo.

3. La carta está _____ en francés, y yo no entiendo francés.

4. No puedo usar esos vasos porque están _____ .

5. Los regalos ya están _____ .

B. Complete the following sentences, using the present perfect of the verbs given.

1. Yo les _____ (decir) a los chicos que hagan la cena, pero ellos todavía no

   _____ (hacer) nada.

2. Nosotros te _____ (estar) esperando por mucho tiempo. Tú nunca nos

   _____ (escribir) ni nos _____ (llamar) por teléfono.

3. La señora Vargas no _____ (volver) todavía. Cuando venga, tengo que decirle que

   sus hijos _____ (romper) la ventana y que _____ (comer)

   todos los sándwiches que había en el refrigerador.

4. ¿_____ (ver) Uds. al señor Vega?

5. ¿Dónde _____ (poner) Ud. los guantes, señora?

    Check Your Progress (Lecciones 15 y 16)   **279**

C. Complete the following sentences in your own words, using the past perfect.

1. Yo no vi a Roberto, porque cuando yo llegué a su casa, él ya

   _____ .

2. Miguel no le escribió a Juan Carlos, porque yo ya le

   _____ .

3. Ella no le dijo a Luis que la fiesta era hoy porque nosotros ya se lo

   _____ .

4. Ana no tradujo la carta porque tú ya la

   _____ .

5. Yo no tuve que quedarme con Rosita porque, cuando yo llegué a su casa, sus padres ya

   _____ .

D. Answer the following questions, using complete sentences.

1. ¿Están abiertas o cerradas las tiendas en este momento?

   _____

2. ¿Qué ropa has comprado últimamente *(lately)*?

   _____

3. ¿Te has comprado zapatos últimamente? ¿Cuántos pares?

   _____

4. ¿Qué ropa te has puesto hoy?

   _____

5. ¿Has tenido que cambiar algo últimamente? ¿Qué?

   _____

6. ¿Han ido de compras tú y tu familia últimamente?

   _____

7. Cuando empezaron las clases, ¿tú ya habías comprado toda la ropa que necesitabas?

   _____

Lección 16

A. Answer the following questions, using the future tense.

1. ¿Cuántas asignaturas vas a tomar el próximo semestre?

_____

2. ¿Qué promedio vas a mantener en tus clases?

_____

3. ¿Vas a tener un buen horario el próximo semestre?

_____

4. ¿Adónde vas a ir este fin de semana?

_____

5. ¿Con quién vas a ir?

_____

6. ¿Qué nota crees que te va a dar el profesor (la profesora) en esta clase?

_____

7. ¿Cuándo te vas a graduar?

_____

8. ¿Vas a tener una fiesta cuando te gradúes?

_____

B. Say what you would do in the following situations, using the conditional.

1. Tú tienes un examen. _____

2. Tú necesitas una calculadora. _____

3. Tienes que pagar la matrícula y no tienes dinero. _____

4. Esta noche hay un partido de fútbol. _____

5. Tus padres quieren que estudies ciencias. _____

6. Tienes que entregar un informe mañana. _____

7. Tus padres te regalan doscientos dólares. _____

C. Complete the following sentences, using the future perfect to say what everyone will have done by next year.

Para el año próximo...

1. ...yo _____

2. ...tú _____

3. ...mis padres _____

4. ...mi mejor amigo(-a) _____

5. ...nosotros _____

D. Read the following statements, then say what you would have done differently, if anything.

1. Yo me matriculé en cinco asignaturas este semestre.

    _____

2. Mi compañera tomó dos requisitos generales.

    _____

3. El sábado mis amigos fueron a la biblioteca.

    _____

4. Yo ayudé a mi compañero de clase a preparar su informe.

    _____

5. Anoche estudié tres horas.

    _____

6. El domingo por la noche fui al estadio a ver un partido de fútbol.

    _____

E. Write a brief dialogue between two students who are discussing their classes and their career plans.

    _____

    _____

    _____

_____

_____

_____

_____

_____

_____

_____

_____

_____

_____

Check Your Progress (Lecciones 15 y 16)

LECCIÓN 17

WORKBOOK ACTIVITIES

Name _____

Section _____

Date _____

A. Describe what is happening in the illustrations below, using the reciprocal reflexive construction.

1. Ellos _____

   _____ .

2. Nosotros _____

   _____ .

3. Uds. _____

   _____ .

4. Ana y Juan _____

   _____ .

B. Complete the following chart with the corresponding imperfect subjunctive forms.

Infinitive	yo	tú	Ud., él, ella	nosotros	Uds., ellos, ellas
1. ganar	ganara	ganaras	ganara	ganáramos	ganaran
2. recetar			recetara		recetaran
3. cerrar		cerraras		cerráramos	
4. volver			volviera		volvieran
5. pedir					pidieran
6. conseguir	consiguiera				
7. tener			tuviera		
8. poder				pudiéramos	
9. hacer		hicieras			hicieran
10. venir	viniera		viniera		
11. traer				trajéramos	
12. poner		pusieras			
13. decir	dijera				dijeran
14. ser		fueras		fuéramos	
15. dar			diera		
16. querer		quisieras			
17. saber			supiera		

C. Rewrite each sentence to describe the action in the past.

1. Quiero que tú vayas al médico.

   Quería _____ .

2. Prefiero que compres la penicilina.

   Prefería _____ .

3. Te sugiero que llames a Rodolfo para que vaya contigo al hospital.

   Te sugerí _____ .

4. Dudo que nosotros podamos ir con ustedes a la sala de emergencia.

   Dudaba _____ .

5. Es necesario que traigan las radiografías.

   Era _____ .

6. ¿Hay alguna farmacia que quede cerca y que esté abierta hasta las diez?

   ¿Había _____

   _____ ?

7. No creo que haya nadie que pueda ponerte una inyección.

   No creí _____ .

8. Necesitamos a alguien que pueda llevarlo a la sala de rayos X.

   Necesitábamos _____ .

9. Siento que ella tenga gripe.

   Sentí _____ .

10. Te ruego que los llames y les digas que vengan el sábado.

   Te rogué _____ .

D. Write sentences describing what the doctor told everybody to do.

   MODELO: A Roberto / ir a la farmacia
   Le dijo a Roberto que fuera a la farmacia.

1. A mí / tomar las pastillas tres veces al día

   _____

2. A la enfermera / vendar y desinfectar la herida

   _____

3. A ti / traer las radiografías

   _____

4. A nosotros / volver a su consultorio a la una

   _____

5. A Uds. / empezar a tomar la medicina hoy mismo

   _____

Lección 17 Workbook Activities **287**

6. A ellas / llevar las recetas a la farmacia

_____

7. A Ud. / ponerle una inyección al niño

_____

8. A él / darle las aspirinas al enfermero

_____

E. Complete the following paragraphs, using the prepositions **a, con, de,** or **en.**

Ayer Gloria y yo fuimos _____ visitar _____ tía Mercedes. Ella

nos dijo que iba _____ enseñarnos _____ cocinar. Gloria sueña

_____ ser "chef" e insistió _____ ser la primera en empezar

_____ cocinar.

Gloria está comprometida _____ un muchacho muy simpático y piensa casarse

_____ él en diciembre. ¡Con razón quiere aprender _____

cocinar bien!

Yo preparé un pollo, pero me olvidé _____ ponerle condimentos y no quedó

muy sabroso. Tía Mercedes me preguntó _____ qué había estado pensando.

F. Write the parts of the body that correspond to the numbers in the illustration.

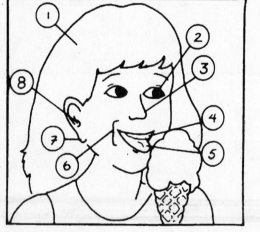

1. _____

2. _____

3. _____

4. _____

5. _____

6. _____

7. _____

8. _____

G. Supply the missing words. The letters in the center column will form a Spanish proverb. Write the proverb on the line provided below.

1. Trabaja con un médico; es _____ .

_ _ _ | _ _ _ _ _

2. Soy _____ a la penicilina.

_ | _ _ _ _ _ _

3. Yo me _____ el brazo ayer.

_ _ _ | _

4. El opuesto de **ensuciar** es _____ .

_ | _ _ _ _ _

5. Voy a desinfectarle la _____ .

_ | _ _ _ _

6. Lo llevaron al hospital en una _____ .

_ | _ _ _ _ _ _ _

7. Es un antibiótico.

_ | _ _ _ _ _ _ _

8. Está en el consultorio del _____ .

_ _ _ _ | _

9. Tuvo un _____ ; lo llevaron al hospital.

_ _ _ _ | _ _ _

10. Está en la _____ de emergencia.

| _ _ _ _

11. Veo con los _____ .

| _ _ _

12. _____ X

| _ _ _ _

13. Tengo _____ de cabeza.

_ _ _ | _ _

Proverbio: _____

H. **¿Cómo se dice...?** Write the following dialogues in Spanish.

1. "Did she have an accident?"
"Yes, and there was nobody who could take her to the hospital. We had to call an ambulance."

_____

_____

_____

Lección 17 Workbook Activities   **289**

2. "I have a stomach ache."
   "Are you sick?"
   "No, but I think I'm pregnant."

   _____

   _____

   _____

3. "César fell in love with a nurse."
   "Where did they meet?"
   "At the hospital."

   _____

   _____

   _____

4. "Did you remember to bring the pills, Rosita?"
   "No, but I asked Ángela to bring them."

   _____

   _____

5. "How do you feel, miss?"
   "My chest, my back, and my neck hurt a lot."
   "Did you see the doctor?"
   "Yes, I went to his office this morning, and he told me to take this medicine."

   _____

   _____

   _____

6. "When was the last time they gave you a tetanus shot, Paquito?"
   "Last year, when I cut my toe."

   _____

   _____

I. Crucigrama

Horizontal

2. La tomamos para el dolor de cabeza.
4. No es la primera vez sino la _____ vez.
6. La necesitamos para hablar.
8. oficina del médico
9. Se usan para ver.
11. Tiene una _____ de 102 grados.
14. Le pusieron una _____ antitetánica.
16. Lo llevaron a la sala de _____ .
17. Los necesitamos para comer.
19. parte de la pierna
20. La escribe el médico.
21. ¿Cómo se dice "pregnant"?

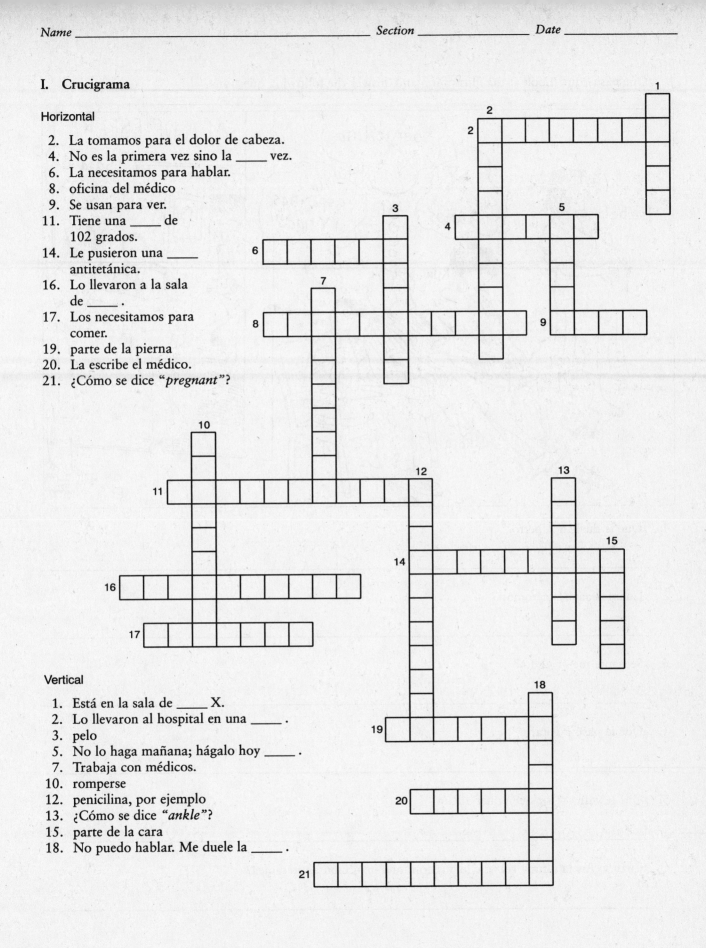

Vertical

1. Está en la sala de _____ X.
2. Lo llevaron al hospital en una _____ .
3. pelo
5. No lo haga mañana; hágalo hoy _____ .
7. Trabaja con médicos.
10. romperse
12. penicilina, por ejemplo
13. ¿Cómo se dice "ankle"?
15. parte de la cara
18. No puedo hablar. Me duele la _____ .

J. ¿Qué pasa aquí? Look at the illustration and answer the following questions.

1. ¿Qué le duele a Alberto?

   _____

2. ¿Cuántas aspirinas tomó?

   _____

3. ¿Se siente mejor ahora?

   _____

4. ¿Qué le pasó a Rita?

   _____

5. ¿Qué le van a tener que poner a Rita?

   _____

6. ¿Cuándo fue la última vez que le pusieron una inyección antitetánica?

   _____

7. ¿Cómo trajeron a Luis al hospital?

_____

8. ¿Adónde lo llevan?

_____

9. ¿Se siente bien Isabel?

_____

10. ¿Está embarazada Isabel?

_____

11. ¿A qué medicina es alérgica Rosa?

_____

PARA LEER

Del diario de Ana María

Miércoles, 14 de julio de 19___

Querido diario:

Ayer, martes trece, fue un día de mala suerte. Me levanté a las ocho y llegué
tarde a mi clase de química, que empieza a las ocho y diez. Cuando fui a mi
clase de psicología, que es mi especialización, el profesor me dijo que estudiara
más porque la nota de mi último examen no era muy buena.

    Por la tarde fui a la biblioteca a devolver un libro y me caí° en la escalera.   *I fell*
Como me dolía mucho la pierna y tenía una herida en el brazo, Estela me llevó
al hospital. Creíamos que yo tenía la pierna rota, pero me hicieron unas
radiografías y el doctor me dijo que no había ningún problema. Me pusieron
una inyección contra el tétano, me vendaron la herida y Estela me trajo a casa.
Eran las ocho de la noche cuando llegamos, y llovía a cántaros.

    Invité a Estela a cenar conmigo, pero cuando abrí el refrigerador, vi que no
había nada para comer. Tomamos chocolate caliente, estudiamos un rato y
miramos la televisión. Estela se fue a las diez y yo me acosté porque estaba
muy cansada.

    A las diez y cuarto me llamó una compañera de clase para decirme que
hoy teníamos un examen en la clase de matemáticas. ¡Yo no lo sabía!

    Me levanté y empecé a estudiar, pero como me dolía muchísimo la cabeza
y no entendía nada, me acosté, pero no dormí bien. Estela me sugirió que el
próximo martes trece no saliera de mi casa.

Lección 17 Workbook Activities **293**

¡Conteste!

1. ¿A qué hora se levantó Ana María ayer?

   _____

2. ¿Cuál de sus profesores le dijo a Ana María que estudiara más?

   _____

3. ¿Por qué le hicieron a Ana María radiografías de la pierna?

   _____

4. ¿Qué le hicieron a Ana María en el hospital después de hacerle las radiografías?

   _____

5. ¿Qué tiempo hacía cuando las chicas llegaron a casa de Ana María?

   _____

6. ¿Qué tomaron las chicas y qué hicieron después?

   _____

7. ¿A qué hora se acostó Ana María?

   _____

8. ¿Qué hora era cuando la llamó su compañera de clase?

   _____

9. ¿Por qué no pudo dormir Ana María después de hablar con su compañera de clase?

   _____

10. ¿Cómo durmió Ana María anoche?

    _____

11. ¿Cuál de sus profesores dio un examen hoy?

    _____

12. ¿Qué le sugirió Estela que no hiciera el próximo martes trece?

    _____

LECCIÓN 17

LABORATORY
ACTIVITIES

Name _____

Section _____

Date _____

I. PARA ESCUCHAR Y CONTESTAR

Diálogo: *Problemas médicos*

The dialogue will be read first without pauses. Pay close attention to the speakers' intonation and pronunciation.

Mirta y su esposo se encuentran en un restaurante para almorzar. Ella no se siente muy bien hoy.

MIRTA —No sé qué me pasa. Tengo fiebre y me duele mucho la cabeza. Ya tomé cuatro aspirinas hoy.

HÉCTOR —Te dije que fueras al médico para que te hiciera un buen chequeo...

MIRTA —Teresa me sugirió que viera a la doctora Vargas. Tengo una cita para esta tarde.

Más tarde, en el consultorio de la doctora Vargas.

DOCTORA —Tiene una temperatura de ciento dos grados. ¿Cuánto tiempo hace que tiene esos dolores de cabeza?

MIRTA —Una semana. Tengo tos y me duele la garganta. ¿Cree que tengo catarro o gripe?

DOCTORA —Tiene gripe. Voy a recetarle un antibiótico. ¿Es Ud. alérgica a alguna medicina?

MIRTA —Sí, soy alérgica a la penicilina.

DOCTORA —¿Está Ud. embarazada?

MIRTA —No, doctora.

DOCTORA —Tome estas pastillas cuatro veces al día. Empiece a tomarlas hoy mismo. Aquí tiene la receta.

En la sala de emergencia del mismo hospital.

Oscar tuvo un accidente y lo trajeron al hospital en una ambulancia. Ahora está hablando con un médico.

MÉDICO —¿Qué le pasó?

OSCAR —Me atropelló un coche. Me duele mucho la pierna. Creo que me la rompí.

MÉDICO —Vamos a hacerle unas radiografías. Veo que también tiene una herida en el brazo. Voy a llamar a la enfermera.

Con la enfermera.

ENFERMERA —El doctor me dijo que le desinfectara y le vendara la herida para evitar una infección. ¿Cuándo fue la última vez que le pusieron una inyección antitetánica?

OSCAR —Hace dos años.

La enfermera lleva a Oscar a la sala de rayos equis.

Now the dialogue will be read with pauses for you to repeat what you hear. Imitate the speakers' intonation patterns.

Preguntas y respuestas

You will now hear questions about the dialogue. Answer each one, omitting the subject. The speaker will confirm your response. Repeat the correct response.

Situaciones

The speaker will present several situations based on the dialogue. Respond appropriately in Spanish to each situation. The speaker will confirm your response. Repeat the correct response. Follow the model.

> MODELO: You tell your doctor that you have a cough and your head hurts a lot.
> **Doctor, tengo tos y me duele mucho la cabeza.**

II. PRONUNCIACIÓN

- When you hear the number, read the corresponding sentence aloud. Then listen to the speaker and repeat the sentence.

    1. La penicilina es un antibiótico.
    2. Lo trajeron en una ambulancia.
    3. Es alérgica a la aspirina.
    4. Le puse una inyección antitetánica.
    5. Necesito un chequeo.
    6. Está en la sala de rayos equis.
    7. Le desinfectó la herida.
    8. Le hicieron una radiografía.
    9. Elena está embarazada.
    10. Tome estas pastillas cuatro veces al día.

III. ¡VAMOS A PRACTICAR!

A. Answer the following questions in the affirmative, omitting the subject pronouns. The speaker will confirm your response. Repeat the correct response. Follow the model.

> MODELO: —¿Se dicen la verdad Uds.?
> **—Sí, nos decimos la verdad.**

B. Change each statement you hear so that it describes the past, using the cue provided. The speaker will confirm your response. Repeat the correct response. Follow the model.

> MODELO: Yo quiero que tú vuelvas. (yo quería)
> **Yo quería que tú volvieras.**

1. (no creía)   2. (nos dijeron)   3. (no me gustaba)   4. (me alegré)   5. (te sugerí)
6. (dudaba)   7. (esperábamos)   8. (no había)   9. (necesitaba)   10. (buscábamos)

C. Answer the following questions, using the cues provided. Pay special attention to the use of prepositions. The speaker will confirm your response. Repeat the correct response. Follow the model.

> MODELO: —¿Te acordaste de traer la medicina? (sí)
> —**Sí, me acordé de traerla.**

1. (sí) 2. (el año pasado) 3. (un enfermero) 4. (sí) 5. (no, ser médica)

IV. EJERCICIO DE COMPRENSIÓN

Before listening to the dialogues in this section, study the comprehension questions below. Reviewing the questions ahead of time will help you to remember key information as you listen.

1. ¿Qué hora era cuando Pablo llegó?
2. ¿Por qué no pudo venir temprano?
3. ¿A qué hora se acostó Dora?
4. ¿Por qué se acostó temprano?
5. ¿Qué tomó?
6. ¿Cómo se siente ahora?
7. ¿Cuánto tiempo hace que la señora tiene dolores de estómago?
8. ¿Qué medicina toma cuando le duele mucho el estómago?
9. ¿Qué le va a dar el médico?
10. ¿Qué van a hacerle a la señora si no se siente mejor?
11. ¿Qué le pasó a Roberto?
12. ¿Lo atropelló un coche?
13. ¿Adónde lo llevaron?
14. ¿Le hicieron radiografías de la pierna?
15. ¿Qué se cortó Roberto?
16. ¿Por qué no le pusieron una inyección antitetánica?
17. ¿Por qué va a tomar dos aspirinas?

Listen carefully to each dialogue and then answer the questions, omitting the subject. The speaker will confirm your response. Repeat the correct response.

V. PARA ESCUCHAR Y ESCRIBIR

Tome nota

You will hear a conversation between a doctor and a patient. First listen carefully for general comprehension. Then, as you listen for a second time, fill in the information requested.

```
┌─────────────────────────────────────────────────────────────┐
│                                                             │
│                      Hoja Clínica                           │
│                                                             │
│   Nombre del paciente: _____ │
│                                                             │
│   Síntomas  _____  │
│                                                             │
│   _____   │
│                                                             │
│   Medicinas que está tomando _____   │
│                                                             │
│   _____   │
│                                                             │
│   Alergias _____   │
│                                                             │
│   _____   │
│                                                             │
│   Radiografías de_____   │
│                                                             │
│   _____   │
│                                                             │
│   Próxima visita _____   │
│                                                             │
│   _____   │
│                                                             │
└─────────────────────────────────────────────────────────────┘
```

Dictado

The speaker will read six sentences. Each sentence will be read twice. After the first reading, write what you heard. After the second reading, check your work and fill in what you missed.

1. _____

2. _____

3. _____

4. _____

5. _____

6. _____

Lección 18

WORKBOOK

ACTIVITIES

A. Answer the following questions, using the present perfect subjunctive and the cues provided. Follow the model.

MODELO: —¿Sabes si Marta trajo la batería? (no creer)
—**No, pero no creo que la haya traído.**

1. ¿Sabes si ella se fue? (temer)

_____

2. ¿Sabes si los chicos se levantaron? (ojalá)

_____

3. ¿Sabes si vino Luis? (esperar)

_____

4. ¿Sabes si el mecánico arregló el coche? (dudar)

_____

5. ¿Sabes si consiguieron las piezas de repuesto? (esperar)

_____

6. ¿Sabes si ellos arreglaron los frenos? (no creer)

_____

7. ¿Sabes si el coche de Marta arrancó? (ojalá)

_____

8. ¿Sabes si José volvió? (dudar)

_____

Lección 18 Workbook Activities   **299**

B. Complete the chart, paying particular attention to the use of the pluperfect subjunctive.

English	Verbs that require the subjunctive	que	Subject of subordinate clause	Imperfect subjunctive of *haber*	Past participle
1. I didn't think that they had come.	**No creía**	**que**	**ellos**	**hubieran**	**venido.**
2. She was sorry that you had gone.	Sentía		tú		
3. We were hoping that you had finished.	Esperábamos		Uds.		
4. He doubted that she had died.					muerto.
5. You were afraid that she had returned.				hubiera	
6. They denied that she had done it.	Negaron				
7. I didn't think that you had gone out.			tú		
8. We were sorry that you had left.			Uds.		
9. I hoped that she had learned.					
10. I didn't think that Rose had gone to Costa Rica.	No creía				
11. I was glad that the car had started.	Me alegré de				
12. You didn't think that we had stopped.					

C. Look at the illustrations and write what the people shown would do if circumstances were different. Follow the model.

MODELO:

Yo no tengo dinero.
Si tuviera dinero, viajaría.

1. Roberto no tiene tiempo.

   Si _____ .

2. Elsa no está de vacaciones.

   Si _____ .

3. Ellos no tienen hambre.

   Si _____ .

4. Tú tienes que trabajar.

   Si no _____ .

5. Uds. no van a la fiesta.

   Si _____ .

Lección 18 Workbook Activities

6. Hoy es sábado.

   Si no _____.

D. Look at the illustrations and write what the people shown will do if circumstances permit it. Follow the model.

MODELO:

No sé si tendré dinero o no.
Si tengo dinero, viajaré.

1. Yolanda y yo no sabemos si el coche está descompuesto o no.

   Si _____.

2. No sé si ellas quieren hamburguesas o no.

   Si _____.

3. No sé si Laura está enferma o no.

   Si _____.

302   *Lección 18 Workbook Activities*

4. No sé si tú tienes el periódico o no.

Si _____ .

5. No saben si el autobús pasa por aquí o no.

Si _____ .

E. REVIEW OF THE USES OF THE SUBJUNCTIVE.

Complete the following sentences with the subjunctive if there is a change of subject or with the infinitive if there is no change of subject.

1. Quiero _____ (solicitar) el trabajo en la gasolinera.

   Quiero que tú _____ (solicitar) el trabajo en la gasolinera.

2. Deseas _____ (comprar) las llantas.

   Deseas que yo _____ (comprar) las llantas.

3. Ellos prefieren que nosotros _____ (alquilar) un coche.

   Ellos prefieren _____ (alquilar) un coche.

4. Necesito _____ (conseguir) los limpiaparabrisas.

   Necesito que ellos _____ (conseguir) los limpiaparabrisas.

5. Me alegro de que Uds. _____ (estar) aquí.

   Me alegro de _____ (estar) aquí.

6. Temo no _____ (llegar) temprano.

   Temo que nosotros no _____ (llegar) temprano.

7. Espero _____ (hacer) el trabajo pronto.

   Espero que él _____ (hacer) el trabajo pronto.

8. Siento que tú _____ (tener) que irte.

   Siento _____ (tener) que irme.

In the following sentences, use the subjunctive to refer to someone or something that is indefinite, unspecified, or nonexistent; use the indicative when referring to a specific person or thing.

9. Necesito un mecánico que _____ (saber) arreglar coches extranjeros.

    Tengo un mecánico que _____ (saber) arreglar coches extranjeros.

10. Conozco a dos chicas que _____ (enseñar) matemáticas.

    No conozco a nadie que _____ (enseñar) matemáticas.

11. ¿Dónde hay un restaurante que _____ (servir) comida italiana?

    Hay un restaurante en la Quinta Avenida que _____ (servir) comida italiana.

12. Quiero un empleado que _____ (poder) hacer ese trabajo.

    Tenemos un empleado que _____ (poder) hacer ese trabajo.

13. ¿Conoces a alguien que _____ (ser) recién casado?

    He conocido a un muchacho que _____ (ser) recién casado.

Use the subjunctive in the sentences that refer to future action and the indicative in those that do not.

14. Voy a ayudarte hasta que _____ (terminar) el trabajo.

    Siempre te ayudo hasta que _____ (terminar) el trabajo.

15. Siempre pongo un anuncio cuando _____ (necesitar) un empleado.

    Pondré un anuncio cuando _____ (necesitar) un empleado.

16. Lavaré el coche cuando _____ (tener) tiempo.

    Siempre lavo el coche cuando _____ (tener) tiempo.

17. Se lo diré en cuanto ellos _____ (llegar).

    Generalmente se lo digo en cuanto ellos _____ (llegar).

Complete each sentence with the subjunctive after verbs and expressions of doubt, uncertainty, or disbelief; use the indicative to express certainty.

18. Dudo que ellos _____ (querer) trabajar en este taller.

    No dudo que ellos _____ (querer) trabajar en este taller.

19. No estoy seguro de que él _____ (tener) un coche bueno.

    Estoy seguro de que él _____ (tener) un coche bueno.

20. Es probable que nosotros _____ (salir) el sábado.

 Es seguro que nosotros _____ (salir) el sábado.

21. Creo que el partido _____ (empezar) a las ocho.

 No creo que el partido _____ (empezar) a las ocho.

In the following sentences, use the subjunctive when the main clause denies what the subordinate clause expresses, and use the indicative when it does not.

22. No es verdad que el policía me _____ (haber puesto) una multa.

 Es verdad que el policía me _____ (haber puesto) una multa.

23. Niego que nosotros _____ (haber dicho) eso.

 No niego que nosotros _____ (haber dicho) eso.

F. ¿Cómo se dice...? Write the following dialogues in Spanish.

1. "Do you have to talk with your mechanic, Miss Soto?"
 "Yes, I hope he has arrived. I asked him to come at ten."

 _____

 _____

2. "The mechanic suggested that I buy new tires."
 "I hope you've bought them."

 _____

 _____

3. "I don't think that Pedro has installed a new water pump in the car yet."
 "If I were him I would buy a new car. His is too old, and I don't think it's worth the trouble."

 _____

 _____

 _____

4. "I didn't think he had checked the car."
 "I told him to do it!"

 _____

 _____

Lección 18 Workbook Activities **305**

5. "My car doesn't start."
   "If I were you, I would call a tow truck."

   _____

   _____

6. "If you have a flat, you'll have to change the tire."
   "I don't have a jack in my trunk."

   _____

   _____

G. Crucigrama

Horizontal

2. La goma tiene un _____ .
4. El policía me puso una _____ .
5. No vale la _____ .
6. La _____ de mi coche es JKG234.
9. El coche necesita una _____ de agua nueva.
11. No funciona; está _____ .
12. Los necesito para parar el coche.
13. opuesto de **vacío**
15. El mecánico _____ el motor del coche.
16. parte del coche donde se ponen las maletas
17. Los uso cuando estoy manejando y llueve.
22. remolcador
23. Voy a hacerlo _____ mismo.
25. parte del coche que uso para manejarlo
27. ¿Cómo se dice *"highway"*?
28. ¿Cuál es la _____ máxima?
30. Son recién _____ . Se casaron ayer.

Vertical

1. El motor hace un _____ extraño.
3. revisar
7. El mecánico _____ el coche ayer.
8. estación de servicio
10. Vamos _____ a San José.
14. llanta
18. persona que arregla coches
19. batería
20. No podemos ir. El coche no _____ .
21. La ponemos en el tanque del coche.
24. guantera
26. Allí hay un _____ que dice San José.
29. Lo necesito para cambiar la goma.

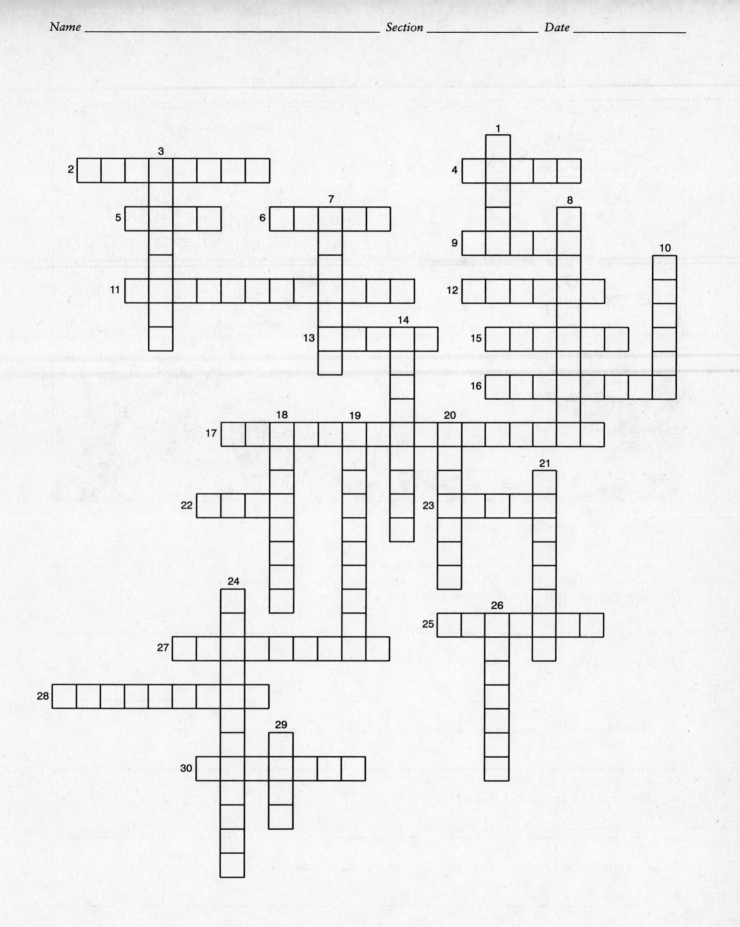

H. ¿Qué pasa aquí? Look at the illustration and answer the following questions.

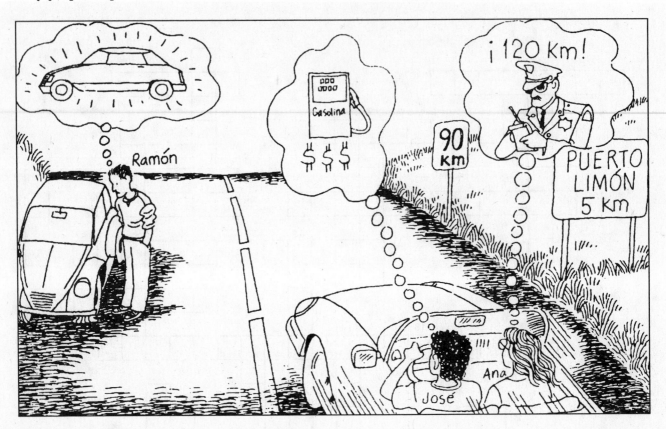

1. ¿A qué distancia están Ana y José de Puerto Limón?

   _____

2. ¿Cree Ana que José está manejando muy rápido?

   _____

3. ¿Cuál es la velocidad máxima en la carretera?

   _____

4. ¿Qué diferencia hay entre la velocidad máxima y la velocidad a la que maneja José?

   _____

5. ¿Qué cree Ana que hará el policía?

   _____

6. ¿Qué tendrá que hacer José en cuanto llegue a una estación de servicio?

   _____

7. ¿José piensa que la gasolina va a ser cara o barata?

_____

8. ¿Qué problema tiene el coche de Ramón?

_____

9. El motor no arranca. ¿Qué tendrá que hacer con el coche?

_____

10. ¿Ramón preferiría llevar el coche al taller o comprar un coche nuevo?

_____

Lección 18

Name _____

Section _____

Date _____

LABORATORY ACTIVITIES

I. PARA ESCUCHAR Y CONTESTAR

Diálogo: *¡Este coche no sirve!*

The dialogue will be read first without pauses. Pay close attention to the speakers' intonation and pronunciation.

Gloria y Julio, una pareja de recién casados, están de vacaciones en Costa Rica. Ahora están en la carretera, camino a San José.

GLORIA —Julio, ¡estás manejando muy rápido! La velocidad máxima es de noventa kilómetros por hora. ¡Si te ve un policía, te va a poner una multa!

JULIO —No te preocupes. ¿Dónde estamos? ¿Tú tienes el mapa?

GLORIA —Está en el portaguantes pero, según ese letrero, estamos a cuarenta kilómetros de San José.

JULIO —¿Hay una gasolinera cerca? El tanque está casi vacío.

GLORIA —Es una lástima que no hayas llenado el tanque antes...

JULIO —Si me lo hubieras dicho antes, lo habría hecho.

GLORIA —¡Hablas como si yo tuviera la culpa!

JULIO —¿Y a quién voy a culpar? Mira, allí hay una estación de servicio...

Julio para en la estación de servicio para comprar gasolina.

JULIO —Llene el tanque, por favor. Además, ¿podría revisar el aceite y las llantas?

EMPLEADO —Sí, señor.

JULIO —Ayer tuve un pinchazo y cuando fui al taller, el mecánico me dijo que necesitaba neumáticos nuevos.

EMPLEADO —Sí, si yo fuera usted, los cambiaría... y también compraría un acumulador nuevo.

GLORIA —¡Caramba! También te dijo que arreglaras los frenos e instalaras una bomba de agua nueva.

JULIO —Haremos todo eso en San José, si es necesario.

GLORIA —¿No dijiste que también cambiarías el filtro del aceite y que comprarías limpiaparabrisas nuevos?

JULIO —Si yo hubiera sabido que íbamos a tener tantos problemas, habría comprado un coche nuevo antes de salir de viaje.

GLORIA —Sí, porque vamos a gastar una fortuna en arreglos.

JULIO —¡Y ayer el motor estaba haciendo un ruido extraño...!

Cuando Julio trata de arrancar, el coche no funciona.

JULIO —¡Ay, no! Tendremos que llamar una grúa para remolcar el coche hasta San José.

GLORIA —No vale la pena. Yo lo dejaría aquí.

JULIO —¡Estoy de acuerdo contigo! Si yo pudiera, compraría un coche nuevo ahora mismo.

Now the dialogue will be read with pauses for you to repeat what you hear. Imitate the speakers' intonation patterns.

Lección 18 Laboratory Activities **311**

Preguntas y respuestas

You will now hear questions about the dialogue. Answer each one, omitting the subject. The speaker will confirm your response. Repeat the correct response.

Situaciones

The speaker will present several situations based on the dialogue. Respond appropriately in Spanish to each situation. The speaker will confirm your response. Repeat the correct response. Follow the model.

MODELO: You ask what the speed limit is on the freeway.
¿Cuál es la velocidad máxima en la autopista?

II. PRONUNCIACIÓN

- When you hear the number, read the corresponding sentence aloud. Then listen to the speaker and repeat the sentence.

1. Ahora están en la carretera.
2. El mapa está en el portaguantes.
3. El tanque está casi vacío.
4. Para en la estación de servicio.
5. ¿Podría revisar el aceite?
6. Dijiste que cambiarías el filtro.
7. Necesitamos limpiaparabrisas nuevos.
8. El motor hace un ruido extraño.
9. ¿Hay una gasolinera cerca?
10. La grúa va a remolcar el coche.
11. Cuando lleguemos habremos gastado una fortuna.
12. Yo habría cambiado los neumáticos.

III. ¡VAMOS A PRACTICAR!

A. Negate each statement you hear, using the expression **No es verdad** and the present perfect subjunctive. The speaker will confirm your response. Repeat the correct response. Follow the model.

MODELO: Ana ha traído los mapas.
No es verdad que Ana haya traído los mapas.

B. Change each statement you hear, using the cue given and the pluperfect subjunctive. The speaker will confirm your response. Repeat the correct response. Follow the model.

MODELO: Teresa ya había hablado con el mecánico. (Mamá esperaba)
Mamá esperaba que Teresa ya hubiera hablado con el mecánico.

1. (No era verdad)   2. (Yo temía)   3. (No era verdad)   4. (Ellos temían)   5. (Yo esperaba)
6. (No era cierto)   7. (Ellos no creían)   8. (Yo dudaba)

C. Respond to each question by saying what you would do if things were different, using the cue provided and the imperfect subjunctive. The speaker will confirm your response. Repeat the correct response. Follow the model.

> MODELO: —¿Por qué no compras ese coche? (ser más barato)
> —**Lo compraría si fuera más barato.**

1. (poder) 2. (tener dinero) 3. (tener calor) 4. (tenerlo) 5. (gustarme)
6. (ser más temprano)

D. You will hear a series of statements about things that *would* have happened. Complete each one by adding an "if" clause, using the cue provided. The speaker will confirm your response. Repeat the correct response. Follow the model.

> MODELO: Yo habría venido. (tener tiempo)
> **Yo habría venido si hubiera tenido tiempo.**

1. (poder) 2. (tú—ayudarme) 3. (ser necesario) 4. (estar vacío) 5. (tener prisa)

IV. EJERCICIO DE COMPRENSIÓN

Before listening to the dialogues in this section, study the comprehension questions below. Reviewing the questions ahead of time will help you to remember key information as you listen.

1. ¿Por qué le dieron una multa a Ernesto?
2. ¿Cuál era la velocidad máxima?
3. ¿A qué velocidad iba Ernesto?
4. ¿Por qué iba tan rápido?
5. ¿Qué hora era?
6. ¿Ernesto llegó tarde?
7. ¿De cuánto fue la multa?
8. ¿Qué quiere la señorita que haga el dependiente?
9. ¿Qué debe revisar el dependiente?
10. ¿Qué problema tiene una de las gomas?
11. Según el mecánico, ¿qué sería mejor?
12. ¿Cuánto cuesta una goma?
13. ¿Va a comprar la goma la señorita?
14. ¿Por qué volvió a casa en ómnibus Fernando?
15. ¿Qué tuvo que llamar Fernando?
16. ¿Dónde dejó el coche?
17. ¿Qué dijo el mecánico que necesitaba el coche?
18. ¿Tiene el coche otros problemas?
19. ¿Qué va a hacer el mecánico?
20. ¿Cuándo va a ir Fernando al taller?
21. ¿Qué le habría dicho Adela al mecánico?
22. ¿Cómo va a ir Fernando a la oficina?

Listen carefully to each dialogue and then answer the questions, omitting the subject and replacing direct objects with direct object pronouns. The speaker will confirm your response. Repeat the correct response.

V. PARA ESCUCHAR Y ESCRIBIR

Tome nota

You will hear a conversation in which Mr. Peña and his mechanic discuss repairs that need to be made to Mr. Peña's car. First listen carefully for general comprehension. Then, as you listen for a second time, fill in the information requested.

ARREGLAR	CAMBIAR	LIMPIAR	INSTALAR
1. _____	1. _____	1. _____	1. _____
2. _____	2. _____	2. _____	
	3. _____		

Dictado

The speaker will read six sentences. Each sentence will be read twice. After the first reading, write what you heard. After the second reading, check your work and fill in what you missed.

1. _____

2. _____

3. _____

4. _____

5. _____

6. _____

CHECK YOUR PROGRESS

LECCIONES 17 y 18

Name _____

Section _____

Date _____

Lección 17

A. Using the imperfect subjunctive, write sentences describing three things that each of the following people told the others to do.

1. El profesor (la profesora) nos dijo que...

   _____

   _____

   _____

2. Yo le dije a mi mejor amigo(-a) que...

   _____

   _____

   _____

B. Complete the following sentences in your own words, using the imperfect subjunctive.

1. En mi familia no había nadie que _____.

2. Yo no tenía muchos amigos que _____.

3. Buscábamos un coche que _____.

4. El profesor no creía que nosotros _____.

5. Yo no quería que tú _____.

Check Your Progress (Lecciones 17 y 18)   **315**

C. Complete the following sentences in your own words, using the appropriate prepositions.

1. Elena está enamorada _____ .

2. Carlos quiere casarse _____ .

3. Ana quiere aprender _____ .

4. Yo le voy a enseñar a David _____ .

5. Mi mamá nunca se acuerda _____ .

6. Mi papá siempre se olvida _____ .

7. El profesor siempre insiste _____ .

D. Answer the following questions, using complete sentences.

1. ¿Tú sabes poner inyecciones?

_____

2. ¿Te gustaría ser médico(-a) o enfermero(-a)? ¿Por qué o por qué no?

_____

3. ¿Cuándo fue la última vez que tuviste gripe?

_____

4. ¿Cuáles son los síntomas *(symptoms)* de la gripe?

_____

5. La última vez que fuiste al médico, ¿qué te dijo que hicieras?

_____

6. ¿Cada cuánto tiempo *(How often)* vas al médico?

_____

7. ¿Estás enamorado(-a) de alguien?

_____

8. ¿Con quién te casaste o con quién piensas casarte?

_____

Lección 18

A. Complete the following sentences, using the present perfect subjunctive of the verbs given in parentheses.

1. Ellos temen que el coche no _____ (arrancar).

2. No creo que tú ya _____ (arreglar) los frenos.

3. Dudo que el mecánico _____ (instalar) la bomba de agua.

4. No es verdad que Uds. _____ (poner) los mapas en el portaguantes.

5. No es cierto que yo _____ (tener) un pinchazo.

B. Complete the following sentences in your own words, using the pluperfect subjunctive.

1. Mis padres se alegraron de que yo _____ .

2. Mis amigos no creyeron que el coche _____ .

3. Yo esperaba que el mecánico _____ .

4. Mi hermano temía que nosotros _____ .

5. Tú dudabas que tus amigos _____ .

C. Complete each sentence with the Spanish equivalent of the words in parentheses.

1. Yo compraría el coche _____ (if I had money).

2. Nosotros iríamos a la gasolinera _____ (if we could).

3. Ella me habla _____ (as if she were my mother).

4. Vamos a ir a verte _____ (if we have time).

5. _____ (If you see the mechanic), díganle que venga temprano.

D. Write a brief dialogue between a mechanic and a client who are discussing car problems.

_____

_____

_____

_____

_____

_____

_____

_____

_____

_____

_____

_____

_____

_____

_____

REPASO
LECCIONES 10–18

Name _____

Section _____

Date _____

The speaker will ask you some questions. Answer each one, using the cue. The speaker will confirm your response. Repeat the correct response.

1. (California)
2. (a la playa)
3. (a las montañas)
4. (sí)
5. (dos años)
6. (en septiembre)
7. (no)
8. (periodismo)
9. (ciencias)
10. (matemáticas)
11. (no)
12. (una "B")
13. (ir de vacaciones)
14. (dos semanas)
15. (sí)
16. (a las nueve)
17. (sí, mi pasaporte)
18. (sí)
19. (México)
20. (un apartamento)

21. (sí)
22. (sí)
23. (no)
24. (sí)
25. (no)
26. (sí)
27. (sí)
28. (ocho)
29. (sí)
30. (un coche)
31. (un Mercedes)
32. (60.000 dólares)
33. (los frenos)
34. (sí)
35. (junio)
36. (sí)
37. (pescado y ensalada)
38. (manzanas y peras)
39. (sí)
40. (una comedia)

ANSWER KEYS

Answers to Workbook Exercises

Lección preliminar

A. 1. Buenos días / está usted / Bien / No muy bien / siento / luego (mañana) 2. Cómo se llama usted / Me llamo 3. nuevo / nada 4. tal / y tú / gracias

B. 1. Buenas tardes, señorita Rojas. 2. Hasta mañana, doctora (Ríos). 3. Buenas noches, Yolanda. ¿Qué hay de nuevo? 4. Adiós, Rafael. Saludos a Rita.

C. 1. veintitrés 2. ocho 3. diecisiete 4. once 5. veintiséis 6. cinco 7. diecinueve 8. cero 9. veintiuno 10. doce 11. diez 12. treinta 13. quince 14. cuatro 15. catorce

D. 1. verde 2. gris 3. rosado 4. anaranjado

E. lunes / martes / miércoles / jueves / viernes / sábado / domingo

F. 1. enero, febrero, marzo 2. abril, mayo, junio 3. octubre, noviembre, diciembre 4. julio, agosto, septiembre

Accentuation

A. 1. adiós 2. gracias 3. Gómez 4. Amanda 5. José 6. profesor 7. ¿Cómo estás? 8. exámenes 9. mármoles 10. página 11. televisión 12. papel 13. árbol 14. lápiz 15. feliz 16. trabajas 17. mamá 18. habló 19. ¿Qué tal? 20. examen

One syllable words

B. 1. tú (you) 2. el (the) 3. sí (yes) 4. tu (your) 5. él (he) 6. si (if)

Lección 1

A. 1. los / unos 2. la / una 3. las / unas 4. los / unos 5. el / un 6. la / una 7. el / un 8. el / un 9. las / unas 10. los / unos 11. la / una 12. el / un 13. las / unas 14. el / un 15. los / unos

B. 1. Hay cuarenta y cuatro borradores. 2. Hay noventa y ocho lápices. 3. Hay setenta y cinco cuadernos. 4. Hay cien plumas. 5. Hay cincuenta y tres mapas. 6. Hay ochenta y dos sillas. 7. Hay sesenta y seis libros. 8. Hay cuarenta y tres pizarras. 9. Hay treinta y ocho relojes. 10. Hay noventa y seis pupitres.

C. 1. tú 2. ella 3. usted 4. ellos (ellas) 5. nosotros 6. nosotras 7. él 8. ustedes

D. 1. nosotros (nosotras) 2. ustedes 3. ellas 4. ellos

E. 1. somos / es / soy / eres 2. soy 3. son 4. son

F. 1. Son las siete – –. 2. Son – seis y veinte. 3. Es la una y – . 4. Son las – menos cinco. 5. Son las dos – cuarto. 6. Son las – menos veinticinco. 7. – las nueve.

G. 1. La clase de psicología es los lunes, miércoles y viernes a las ocho.
2. La clase the biología es los lunes, miércoles y viernes a las nueve.
3. La clase de historia es los martes y jueves a las diez.
4. La clase de literatura es los lunes, miércoles y viernes a la una.
5. La clase de danza aeróbica es los lunes y miércoles a las siete de la noche.

H. 1. —¿Cómo te llamas? / —Me llamo Carlos Vázquez. / —Mucho gusto, Carlos. / —El gusto es mío.
2. —¿Qué quiere decir "pizarra"? / —Quiere decir *blackboard*.
3. —¿Qué hora es? / —Son las cinco menos veinte. / —¿A qué hora es la clase? / —Es a las cinco y media.
4. —Perdón, doctor (doctora) López. / —Pase y tome asiento. / —Gracias.
5. —¿Cuántos estudiantes hay en la clase? / —Hay cuarenta y seis estudiantes.
6. —¿De dónde eres tú, Anita? / —Yo soy de Ecuador. ¿De dónde son ustedes? / —Nosotros somos de Chile.

I. *Horizontal:* 1. inglés 4. sillas 9. hay 10. ventana 11. primer 12. domicilio 14. asiento 15. mapa 17. eres 19. escritorio 20. somos

Vertical: 2. llamas 3. cuaderno 5. luz 6. pluma 7. reloj 8. pared 9. hora 11. perdón 13. cuántos 16. pupitre 17. estudiante 18. gracias

J. 1. F 2. V 3. F 4. F 5. V 6. F 7. V 8. F 9. V 10. F 11. V 12. F

Lección 2

A. 1. c 2. e 3. b 4. a 5. d

B. 1. necesitan 2. desean 3. hablamos 4. llamo 5. trabajas 6. estudia

C. 1. los 2. la 3. los 4. los 5. el 6. los 7. las 8. la 9. el 10. los 11. la 12. la 13. los 14. las 15. la 16. la 17. el 18. las 19. la 20. los

D. 1. ¿Trabaja ella en el hospital? / No, (ella) no trabaja en el hospital. 2. ¿Hablan español los estudiantes? / No, (los estudiantes) no hablan español. 3. ¿Necesitan ellos estudiar la lección dos? / No, (ellos) no necesitan estudiar la lección dos.

E. 1. La amiga de la señora López estudia español. 2. El novio de Ana es de Ecuador. 3. Los amigos de Rosa regresan más tarde. 4. Los estudiantes de la profesora Soto trabajan en la biblioteca. 5. El novio de Raquel desea hablar con la profesora de Rosa.

F. 1. nuestra 2. sus / – los – de ella 3. tu 4. nuestros 5. su / – el – de ellos 6. mis 7. su / – la – de ustedes 8. su / – la – de usted

G. 1. Mis amigos son de Venezuela. 2. Nuestra profesora es de Bolivia. 3. Mi amiga trabaja en el hospital. 4. Sí, nuestros amigos son de México. 5. No, yo no necesito hablar con su profesora. 6. Sí, Elsa necesita tus libros.

H. 1. ciento diez 2. ochocientos cuarenta y cinco 3. quinientos catorce 4. setecientos sesenta 5. doscientos ochenta y tres 6. seiscientos setenta y dos 7. novecientos cincuenta y siete 8. mil 9. mil trescientos noventa y uno 10. tres mil cuatrocientos setenta y nueve

I. 1. —Hola. ¿Está Ana? / —Sí. Un momento, por favor. 2. —¡Hola! ¿Qué tal? / —Más o menos... / —¿Por qué? / —Problemas sentimentales...y problemas económicos... / —¿Necesitas dinero? / —¡Sí! 3. —¿A qué hora regresa Ana? / —A las diez y media. / —Entonces llamo más tarde. 4. —¿De dónde es usted, señor Silva? / —Soy de Brasil. / —¿Habla usted inglés? / —No, no hablo inglés. Hablo portugués, español, italiano y francés. 5. —¿La amiga de tu (su) novia trabaja en la biblioteca? / —No (ella) trabaja en el hospital.

J. *Horizontal:* 2. hospital 6. amiga 7. novio 8. alemán 9. portugués 11. estudiamos 12. mañana 14. dinero 15. trabajan 17. teléfono 18. tarde 19. esta 20. italiano 21. chino 22. menos

Vertical: 1. casa 3. sentimentales 4. hablo 5. quinientos 10. biblioteca 12. momento 13. llamo 16. regresamos 18. trescientos

K. 1. Son las cinco.   2. Desea hablar con Marta.
3. No, no está.   4. Regresa a las nueve.
5. Llama más tarde.   6. Habla con Michèle.
7. Hablan francés.   8. Son de París.
9. Estudia con Ramiro.   10. Estudian ruso.
11. No, no desea estudiar por la noche.
12. Trabaja en un hospital.   13. Trabaja por
la mañana.   14. Necesita dinero.

Lección 3

A. 1. Los / mexicanos   2. una / alta   3. El /
español (rubio)   4. Las (Unas) / simpáticas
5. El / rubio   6. Unas / norteamericanas
7. La / argentina   8. La / difícil

B. 1. –, comes, come, –, comen   2. creo, –, cree,
creemos, –   3. bebo, bebes, bebe, bebemos,
beben   4. escribo, –, escribe, –, escriben
5. –, recibes, –, recibimos, –   6. decido,
decides, decide, decidimos, deciden

C. 1. comen / comemos / como   2. lee / leo
3. viven / vivimos / vives / vivo / vive
4. escriben / escribo / escribe   5. aprendes /
aprendo

D. 1. tenemos   2. vengo   3. vienen   4. Tienes
5. Viene   6. tengo   7. Tienes   8. venimos

E. 1. Ellos tienen que venir por la tarde.   2. ¿Tú
tienes que llenar la solicitud de trabajo?
3. Ella no tiene que hablar japonés.   4. Yo
tengo que estudiar esta noche.   5. Nosotros
no tenemos que escribir en francés.

F. 1. de la / del / del / de la   2. a la / al / los / a
la / a las / el / a los   3. al / a la / a las / al
4. del / de la / de las

G. 1. —¿Todas tus clases son por la mañana,
Anita? / —Sí, tengo la tarde libre. / —¿Son tus
clases muy difíciles? / —No, son fáciles.
2. —¿Lugar de nacimiento? / —Los Estados
Unidos. / —¿Edad? / —Treinta años. /
—¿Estado civil? / —Soy viuda. / —¿Profesión? /
—Profesora.

3. —¿Tiene(s) que llamar al hermano de
Mary? / —No, tengo que llamar a David y a
Luis.
4. —¿Cómo se llama usted? / —Me llamo
Rosa. / —¿Es usted soltera... divorciada...? /
—Soy casada, señor. / —¿Cuántos hijos tiene? /
—Tengo cinco hijos.
5. —¿Ud. tiene que trabajar, señorita Peña? /
—No, tengo que llevar a mi hermana a la
universidad.

H. 1. Nombre y apellidos   2. Fecha de
nacimiento   3. Edad   4. Estado civil
5. Dirección (Domicilio)   6. Número de
teléfono   7. Nacionalidad   8. Profesión

I. *Horizontal:*   1. mandar   4. antipático
7. edad   8. beber   10. pero   14. avenida
15. soltera   16. muchacho
19. conocimiento   21. solicitan   22. queso
23. nacimiento   26. creo   27. ocupación
28. mientras

Vertical: 2. norteamericana   3. lejos
5. para   6. delgada   9. solicitud
11. conversar   12. periódico   13. apellido
17. empleo   18. vemos   20. pelirroja
24. leen   25. miramos

J. 1. Comen en la cafetería.   2. Mario bebe
café.   3. Adela desea comer con Mario.
4. No, no tiene mucho tiempo libre.   5. Tiene
que trabajar y tiene que estudiar.   6. Lee el
periódico.   7. Lee los anuncios.   8. Necesita
un empleo.   9. No, no tiene conocimiento de
computadoras.   10. Come con Julio. Comen
sándwiches.   11. Estudian historia.   12. Sí,
es fácil para él.   13. Tienen el examen de
historia el lunes.   14. Tiene que estudiar
español.   15. Tiene que estudiar por la noche.

Para leer   1. Es casada.   2. Es de Chile.
3. Vive en California.   4. Hilda es enfermera
y su esposo es ingeniero.   5. Trabaja en un
hospital de los Ángeles.   6. Son médicos.
7. No, viven en Viña del Mar.   8. Tienen tres
hijos. Eduardo es rubio y muy alto. Irene y
Teresa son morenas y muy bonitas.
9. Hablan inglés y español. En la escuela leen y
escriben en inglés.   10. Irene y Eduardo

tienen conocimiento de computadoras.
11. Vive en Los Ángeles. 12. La dirección es calle Figueroa, número ciento treinta. 13. Es el padre de Julio. No, es viudo. 14. Sí, vive en Los Ángeles también.

Lección 4

A. 1. —¿Quieres un refresco, Anita? / —No, gracias. No tengo sed...tengo mucha hambre... 2. —¿Tiene Ud. prisa, señor Vega? / —Sí, siempre tengo prisa. 3. —¿Tienes frío, Paquito? / —¡No, tengo calor! 4. —¿Cuántos años tienes? / —Tengo siete años. 5. —¿Tienes sueño, Anita? / —Sí, tengo mucho sueño. 6. —Tienes que tener cuidado, Carlos. / —(Ud.) tiene razón señorita Flores.

B. 1. voy / doy / estoy 2. vas / das / estás 3. va / da / está 4. vamos / damos / estamos 5. van / dan / están

C. 1. voy a invitar 2. van a brindar 3. vas a traer 4. va a empezar 5. vamos a ir 6. va a dar

D. 1. (9) está 2. (7) están 3. (6) es 4. (5) es 5. (3) somos / soy / es 6. (8) está 7. (1) es 8. (6) son 9. (9) está 10. (8) está 11. (1) es 12. (3) soy 13. (4) Son 14. (2) es

E. 1. –, –, prefieren 2. yo, entender, – 3. –, –, quieren 4. nosotros, cerrar, – 5. –, –, pierde 6. tú, empezar, – 7. –, –, piensa 8. nosotros, comenzar, –

F. 1. piensa (quiere) 2. prefiere (piensa / quiere) 3. queremos (pensamos / preferimos) 4. empieza 5. entienden 6. cierra

G. 1. —¿Dónde están tus (sus) amigos(-as)? / —Están en el gimnasio. / —¿La fiesta es en el club? / —No, es en mi casa. 2. —¿Tiene Ud. prisa, señorita Peña? / —Sí, tengo que ir al hospital. 3. —¿Va(s) a llevar a las chicas (muchachas) a la fiesta de Navidad? / —Sí. ¿A qué hora comienza (empieza)? / —Comienza (Empieza) a las ocho. 4. —¿Tienes sueño,

Pablo? / —No, pero estoy muy cansado. 5. —¿Vas a invitar al hijo del señor Lara a tu fiesta de cumpleaños, Anita? / —No, prefiero invitar al hermano de la señorita Peña.

H. *Horizontal:* 2. vino 3. casete 8. feliz 9. bailamos 11. España 13. entremeses 15. medianoche 17. uruguayo 19. cumpleaños 21. nuevo 22. compañero

Vertical: 1. uvas 3. celebrar 4. buena 5. quiero 6. traigo 7. comenzamos 10. cerveza 12. bebida 14. prefieren 16. Navidad 18. ocupada 20. magnífico

I. 1. No, es una fiesta de cumpleaños. 2. No, es el cumpleaños de Armando. 3. Tiene veinticinco años. 4. Carmen da la fiesta. 5. No, es la hermana de Armando. 6. No baila porque está muy cansado. 7. Va a comer pollo. 8. Baila con Pablo. 9. Elsa está con Fernando. 10. Brindan con champán (sidra). 11. Tiene sed. 12. Creo que son novios.

Lección 5

A. 1. Yo salgo a las dos. 2. Yo traigo los libros y traduzco las lecciones. 3. Yo no hago nada los domingos. 4. Yo conozco España, pero no sé español. 5. Yo no quepo aquí. 6. Yo conduzco un Cadillac. 7. Yo pongo el dinero en el banco. 8. Yo veo a Estela los sábados.

B. 1. Nosotros conocemos a Teresa. 2. Yo sé el poema de memoria. 3. Elsa no conoce California. 4. Ellos saben hablar inglés. 5. Tú conoces las novelas de Cervantes. 6. Armando no sabe hablar japonés.

C. 1. baila / más baja (delgada) / más alto (gordo) 2. conversan (hablan, charlan, platican) / más bajo / más alta 3. más simpático / más simpático 4. más delgado 5. beben (toman) / más bonita (alta, delgada)

D. 1. menor / mayor 2. peor / mejor 3. peor / mejor

E. 1. puedo 2. nosotros / volver
3. almuerzan 4. tú / encontrar 5. duerme
6. yo / volar 7. recuerdan 8. nosotros /
poder 9. cuesta

F. 1. Sí, puedo viajar a México este verano.
2. Cuesta quinientos dólares. 3. Sí, (mi
familia y yo) volamos a México. 4. Vuelvo a
mi casa a las cinco. 5. Almuerzo en la
cafetería. 6. No, no recuerdo el número de
teléfono de mi profesor.

G. 1. —¿Puede Ud. ir al museo este fin de
semana, Sr. Vargas? / —Yo no puedo. Tengo
que trabajar, pero David puede ir. / —¿Cuál es
su numero de teléfono (el número de teléfono
de él)? / —No recuerdo.
2. —Tu tío es muy guapo. / —Sí, pero tiene
novia. / —¿Cómo es? ¿Es más bonita que yo? /
—Sí, pero tú eres mucho más inteligente.
3. —¿Es Ud. menor que su hermano, señorita
Vargas? / —No, yo soy dos años mayor que él.
Yo soy la mayor.
4. —Tú eres la chica (muchacha) más bonita
del mundo. / —¡Gracias!
5. —¿Conoce Ud. al señor Quintana, señorita
Rojas? / —Sí, pero no sé su dirección.
6. —No puedo estudiar porque yo no tengo
tanto tiempo como tú. / —Pero tú no tienes
tantas clases como yo.
7. —¿A qué hora sales, Paquito? / —Salgo a
las siete.

H. *Horizontal:* 2. semana 3. manejamos
6. fotografía 7. tíos 10. extrañamos
14. sobrina 16. cuñado 17. autobús
19. estatura 20. practicar 21. volver
23. abuela 24. nuera 25. yerno

Vertical: 1. familia 4. automóvil
5. pintura 8. pensión 9. nieta
11. museo 12. suegra 13. cuándo
15. restaurante 18. perfectamente
20. prima 22. mayor

I. 1. No, están en un hotel. 2. Hoy es sábado.
3. No, no van a almorzar juntas. 4. Va a
almorzar con Andrés. 5. No, es la hija de
Raquel. 6. Su apellido es Torres. 7. No,
Olga es la sobrina. 8. Olga es menor que
Beatriz. 9. Beatriz es más alta. 10. Van a ir
a Orlando. 11. No, van en autobús
(ómnibus). 12. Van a las tres.

Para leer 1. Son de los Estados Unidos.
2. Asisten a la Universidad de Barcelona.
3. Cindy es alta, rubia y muy simpática.
4. Robin es morena, de ojos castaños y es más
alta y más delgada que Cindy. 5. Cindy es
mayor que Robin. 6. Piensan ir a Madrid
porque quieren visitar a unos amigos que viven
allí. 7. Porque es tan cómodo como el coche.
8. Prefiere a Goya y a Velázquez. 9. Van a ir
a Toledo. 10. Es una famosa calle de
Madrid. 11. Va a comprar unos discos
compactos de música española.
12. El hermano de Robin celebra su
cumpleaños la semana próxima.

Lección 6

A. 1. –, sirvo, sirves, sirve, servimos, sirven
2. pedir, –, pides, pide, pedimos, piden
3. decir, digo, –, dice, decimos, dicen
4. seguir, sigo, sigues, –, seguimos, siguen
5. conseguir, consigo, consigues, consigue,
conseguimos, –

B. sirven, pedimos, pide, dice, pedimos, consigue

C. 1. piensas (puedes), puedo (pienso), prefiero
(quiero) 2. empiezan (comienzan), Sirven,
cuesta, Cuesta, pido 3. vuelven, Volvemos,
empiezan (comienzan), vuelan, Volamos
4. almuerzas, cierra 5. encuentro, pierdes
6. entiendes, dicen, entiendo

D. 1. mí / ellos / Ud. / ti / nosotros 2. nosotros /
ti / mí / él / Uds. 3. ellas / (con)tigo /
nosotros / (con)migo / ella

E. Elena nunca va a San Francisco y su esposo no va tampoco. Nunca compran nada porque no tienen dinero. Ninguno de sus amigos los visita los domingos, y Elena no sirve (ni) vino ni refrescos. Elena no es muy simpática y su esposo no es muy simpático tampoco.

F. 1. – está comiendo un sándwich (bocadillo). 2. – está leyendo un libro. 3. – están bailando. 4. – estás sirviendo – –. 5. – estoy escribiendo – –.

G. 1. me 2. lo 3. los 4. las 5. las 6. lo 7. te 8. nos 9. las 10. la

H. 1. Puedo traerlas (Las puedo traer) mañana. 2. Sí, puedo llamarte (te puedo llamar) esta noche. 3. No, no la tengo. 4. Sí, las aceptan. 5. Mi tío me lleva. 6. Sí, voy a firmarlo (lo voy a firmar). 7. Sí, voy a visitarlos (los voy a visitar). 8. Mi prima va a llevarnos (nos va a llevar).

I. 1. —¿Compra(s) algo cuando viaja(s)? / —No, yo nunca compro nada. / —Yo nunca compro nada tampoco. 2. —¿Qué está diciendo Isabel? / —No está diciendo nada. Está durmiendo. 3. —¿Necesitas las llaves, Anita? / —Sí, las necesito. ¿Puede(s) traerlas esta noche, por favor? 4. —Quiero (Deseo) un cuarto (una habitación) con vista a la calle. / —Tengo uno (una) que está libre. / —Bien. ¿Tengo que firmar el registro? / —Sí, tiene que firmarlo. 5. —¿A qué hora sirven el desayuno? / —El desayuno es a las ocho, el almuerzo es a las dos y la cena es a las nueve.

J. *Horizontal*: 3. vista 4. elevador 6. almuerzo 7. lista 10. algo 11. oficina 12. jabón 16. baño 17. habitación 19. empleado 21. llaves 22. ruinas 23. cenar 26. oro 27. sirven 29. confirmar 30. nadie 31. pocos 32. nunca

Vertical: 1. servicio 2. toalla 3. visito 5. luego 8. firmar 9. maleta 13. barato 14. viajero 15. fotográfica 16. botones 18. tarjetas 19. enseñar 20. pedir 24. derecha 25. sencillo 28. embajada

K. 1. El desayuno es a las siete. 2. El almuerzo es a las doce. 3. La cena es a las ocho. 4. No, es con vista a la calle. 5. Es una habitación doble. 6. Sí, el cuarto tiene baño privado. 7. Tienen dos maletas. 8. No tiene la llave del cuarto (de la habitación). 9. Quiere comprar una cámara fotográfica. Cuesta trescientos cincuenta dólares. 10. Javier está en el (cuarto de) baño. 11. Va a pedir jabón. 12. Hay dos toallas.

Lección 7

A. 1. a. estos libros b. este jabón c. esta toalla d. estas maletas (valijas) (este equipaje) 2. a. esa tarjeta de crédito b. esos discos compactos c. ese mapa d. esas chicas (muchachas) 3. a. aquellas sillas b. aquel teléfono c. aquella muchacha (chica) d. aquellos muchachos (chicos)

B. 1. Carlos me trae jabón. 2. Carlos les trae una cámara fotográfica. 3. Carlos nos trae cheques de viajero. 4. Carlos le trae la llave. 5. Carlos te trae una grabadora. 6. Carlos le trae un bolso de mano. 7. Carlos les trae los pasajes. 8. Carlos le trae el desayuno.

C. 1. Le voy a dar (Voy a darle) el dinero a Raúl. 2. No, no te voy a comprar (no voy a comprarte) nada. 3. Me va a traer (Va a traerme) el equipaje. 4. Les voy a comprar (Voy a comprarles) un reloj. 5. Nos sirve pollo y ensalada. 6. Le voy a prestar (Voy a prestarle) cien dólares.

D. 3. – gusta el libro. 4. Le gustan las plumas. 5. – gusta su trabajo. 6. – gusta este restaurante. 7. – gusta esta ciudad. 8. Les gusta trabajar. 9. Me gusta bailar. 10. Te gusta esta agencia. 11. Le gusta viajar. 12. Nos gustan los asientos de pasillo. 13. Les gustan los profesores (las profesoras).

E. 1. A mí me gusta más viajar en barco. 2. A ella le gusta más el asiento de ventanilla. 3. A nosotros nos gusta más esta agencia de viajes. 4. A ellos les gusta más ir a México. 5. A ti te gustan más estas maletas. 6. A Uds. les gusta más salir por la mañana.

F. 2. Hace dos días que – trabajas.   3. Hace un mes que – viaja.   4. Hace cuatro horas que ella lee.   5. Hace seis horas que él duerme. 6. Hace dos horas que – bailan. 7. Hace dos horas que ellos escriben.

G. 1. Hace once meses que vivo aquí.   2. Hace veinte minutos que estoy aquí.   3. Hace dos años que estudio en esta universidad. 4. Hace cuatro meses que no veo a mis padres. 5. Hace seis horas que no como.

H. 2. –, trabajaste, trabajó, –, trabajaron 3. cerré, cerraste, –, cerramos, cerraron 4. empecé, –, empezó, empezamos, empezaron 5. llegué, llegaste, llegó, –, llegaron 6. busqué, buscaste, buscó, buscamos, – 8. bebí, bebiste, –, bebimos, bebieron 9. –, volviste, volvió, volvimos, volvieron 10. leí, leíste, –, leímos, leyeron   11. –, creíste, creyó, creímos, creyeron   13. escribí, –, escribió, escribimos, escribieron   14. recibí, recibiste, recibió, –, recibieron   15. abrí, abriste, –, abrimos, abrieron

I. 1. ¿A qué hora volviste?   2. ¿Llegaron Uds. ayer?   3. Nosotros ya lo escribimos.   4. Ella lo cerró.   5. Ellos no nos recibieron.   6. Yo no leí.

J. 1. —¿Le gustan estos bolsos de mano, señorita? / —Sí, pero me gustan más aquéllos. 2. —¿A Roberto le gusta viajar por (en) avión? / —No, él prefiere viajar por (en) tren. 3. —¿Cuánto tiempo hace que Ud. vive en la capital, señor Varela? / —Hace diez años que vivo aquí.   4. —¿A qué hora saliste de tu casa hoy, Evita? / —Salí a las siete de la mañana y volví (regresé) a las cinco de la tarde. 5. —¿Tú le vas a prestar (vas a prestarle) tus maletas, Rosita? / —No, no le puedo prestar (no puedo prestarle) mis maletas porque yo las necesito.

K. *Horizontal*: 1. ventanilla   3. viaje 4. billete   6. sala   10. viajes   12. pasado 13. aburrido   14. atraso   15. devolver 16. viajero   20. capital   21. presentar 22. tren   24. apuro

Vertical: 2. equipaje   5. turista   6. sección 7. ayer   8. avión   9. hora   11. salida 12. postal   16. vuelta   17. embarque 18. bolso   19. prestar   20. poco

L. 1. Están en la agencia de viajes Ameritour. 2. Cuatro agentes de viajes trabajan en la agencia.   3. Quiere viajar a Lima.   4. Va a viajar por (en) avión.   5. Puede viajar el cuatro de marzo.   6. Cuesta trescientos dólares.   7. Hay vuelos a Lima los martes, jueves y sábados.   8. Quiere viajar a la capital de Paraguay.   9. Quiere viajar en tren. 10. Hay tren para Asunción los lunes y miércoles.   11. Quiere viajar a Rosario. 12. Sí, va con alguien. Lo sé porque compra dos pasajes (billetes).   13. No, va a comprar dos pasajes de ida y vuelta.   14. Reserva un asiento de ventanilla. Lo reserva en la sección de no fumar.

Para Leer   1. Planean ir de vacaciones en agosto. 2. Quiere viajar a España.   3. Viven en Sevilla.   4. Hace tres años que no los ve. 5. No, quiere ir a Canadá.   6. Quiere visitar Montreal, Toronto y Quebec.   7. Quiere pasar dos semanas en Canadá.   8. Rubén convence a Marisol.   9. No, van a viajar en primera clase.   10. Reservan un asiento de ventanilla y un asiento de pasillo.   11. Les escribe a sus padres.   12. Van a llegar a Sevilla el trece de agosto.

Lección 8

A. 2. – me lo das.   3. Yo – lo doy. 4. Nosotros se lo –.   5. Ellos nos lo dan. 6. Yo se lo doy.   7. – se lo das.

B. 1. Mi hermano me los compra.   2. Se las presto a Carmen.   3. Sus amigos se las mandan.   4. Mi prima va a prestármelo. (Mi prima me lo va a prestar.)   5. Mi tío nos lo manda.   6. Sí, yo puedo traértelas (te las puedo traer).

C. fuimos / fue / di / dieron / fueron / Fue

D. 1. sirvieron / pidieron / pedí / pidió
2. durmieron / dormí / durmieron
3. consiguieron   4. murieron / murió
5. repitió / mintió

E. 1. el otoño: Hace frío y hace viento.
2. el verano: Hace calor y hace sol.
3. el invierno: Hace frío y nieva.
4. la primavera: Llueve.

F. 1. Ella pasa por el banco.   2. El dinero es para María.   3. Viajamos por tren.   4. Hay vuelos para Buenos Aires.   5. Necesito el vestido para el sábado.   6. Pago diez dólares por esta maleta (valija).   7. Vengo por la noche.   8. Me dio cinco dólares para comprar el libro.

G. 1. (9) para   2. (4) por   3. (1) por   4. (5) por   5. (6) por   6. (3) por   7. (8) para   8. (10) para   9. (9) para   10. (11) para   11. (2) por

H. 1. —¿Alina le pidió dinero a su padre? / —Sí, y él se lo dio.   2. —¿Adónde fue Ud. anoche, Sr. Varela? / —Fui al teatro con mi esposa.   3. —¿Tú diste (Ud. dio) una fiesta para Octavio y Elena? / —Sí, ayer fue su aniversario de bodas.   4. —¿Qué me recomienda Ud., Srta. Vargas? / —Le recomiendo la especialidad de la casa: bistec y langosta.   5. —¿Cuánto pagó él por la cena? / —Cien dólares, pero fue una cena magnífica.

I. *Horizontal:*   2. tenedor   4. excelente
7. cucharita   9. especialidad   11. helado
12. camarera   14. preparamos   15. fritas
16. propina   17. sabroso   20. tortilla
21. aniversario   23. cubana   25. cántaros
26. cubiertos

Vertical: 1. leche   2. taza   3. relleno
5. cuenta   6. langosta   8. tinto
10. cordero   13. botella   14. pimienta
16. postre   17. servilletas   18. anota
19. papas   22. cuchara   24. encanta

J. 1. Están en el restaurante La Preferida.
2. Celebran su aniversario de bodas.   3. No, no es su segundo aniversario.   4. Le deja cinco dólares.   5. Quiere ir al teatro Victoria.
6. Quiere ir con Lucy.   7. Cena con Delia.
8. Les recomienda langosta y camarones.
9. Pide una botella de vino.   10. Delia va a pedir sopa y ensalada.   11. Cena con Ana y Beto.   12. Va a pedir torta.   13. Va a pedir helado.   14. Va a tomar (beber) café.

Lección 9

A. 1. Tú te despiertas a las seis de la mañana y te levantas a las seis y cuarto. Te bañas, te afeitas y te vistes. A las siete y media te vas a trabajar. Trabajas hasta las cinco, y luego vuelves a casa. No te preocupas si llegas tarde. Lees un rato y luego comes con tu familia. Siempre te acuestas a las diez y media.
2. Él se despierta a las seis de la mañana y se levanta a las seis y cuarto. Se baña, se afeita y se viste. A las siete y media se va a trabajar. Trabaja hasta las cinco, y luego vuelve a casa. No se preocupa si llega tarde. Lee un rato y luego come con su familia. Siempre se acuesta a las diez y media.

B. 1. tú / yo / (con)tigo / La / le / (con)migo
2. se / Nos / Yo / me / Les / los
3. ti / Te / me / le / Se / lo / Le
4. le / la / le / él
5. los / Nos / te / me / Lo

C. 1. el pelo   2. La libertad / el dinero   3. las mujeres / los hombres   4. el vestido blanco
5. la cabeza   6. el vino / los refrescos

D. 1. suya   2. suyo   3. míos   4. suyas
5. tuyo   6. nuestra   7. suyas   8. suyo
9. mía   10. nuestra

E. 1. el tuyo   2. Las mías   3. la suya (la de él)
4. Los míos   5. La nuestra   6. el suyo

F. 1. Uds. trajeron la alfombra y la pusieron en el apartamento. 2. ¿Qué hiciste el sábado? ¿Viniste a la peluquería? 3. No pude ir a la barbería porque no tuve tiempo. 4. Elsa no estuvo en la farmacia. ¿Y dónde estuvieron ellos? 5. Nosotros no lo supimos. 6. ¿Qué le dijeron ellos al peluquero? ¿Y qué le dijiste tú? 7. ¿Ud. no pudo o no quiso pedir turno? 8. Rubén condujo mi coche y ellos condujeron el coche de Tito. 9. Ramiro no hizo la comida porque no tuvo tiempo. 10. Ellos tradujeron todas las lecciones al inglés.

G. 1. noveno 2. cuarto 3. quinto 4. tercero 5. sexto 6. primero 7. octavo 8. segundo 9. décimo 10. séptimo

H. 1. —¿A qué hora se levantó Ud. hoy, Srta. Paz? / —Me levanté a las siete, me bañé, me vestí y fuí a la peluquería.
2. —Yo dejé mi cartera en el mostrador. ¿Dónde dejaste la tuya, Ester? / —Yo dejé la mía en mi coche (carro/automóvil).
3. —¿Qué hiciste tú, Sandra? / —Primero, me lavé la cabeza y luego (después) tuve que planchar mi vestido rojo.
4. —¿Te lavaste las manos, Tito? / —Sí, me las lavé.
5. —(Yo) tengo que despertarme (Me tengo que despertar) a las cinco mañana. / —Entonces tienes que acostarte (te tienes que acostar) temprano. / —Sí, pero primero voy a acostar a mi hija.

I. *Horizontal:* 3. rizador 5. despertarse 9. espejo 11. probar 12. regalo 13. temprano 16. aspiradora 18. peluquería 20. barrer 22. invitada 23. vestido 25. levantarse 27. secador 28. moda 30. queda 31. terminar 32. llama 33. lacio

Vertical: 1. dormirse 2. quitarse 3. revista 4. gente 6. acordarse 7. barbería 8. turno 9. entradas 10. cocina 14. semana 15. botiquín 17. ponerse 18. perro 19. desvestirse 20. bañarme 21. máquina 24. probártelo 26. regalar 29. ayer

J. 1. Se levantó temprano. 2. No, no le gusta levantarse temprano. 3. Se duchó. 4. Se lavó la cabeza con Prell. 5. Fue a la tienda "La Elegante". 6. Le compró un regalo. 7. Volvió a las once. 8. Compró una revista. 9. Llamó para pedir turno. 10. Almorzó con Julia. 11. No, no le gustan los rizos. 12. Fue a la peluquería a las dos y media. 13. No, le pasó la aspiradora a la alfombra. 14. Se llama Chispa. 15. Fue para darle el regalo. 16. Se acostó a las diez y media.

Para leer: 1. Te levantas siempre temprano porque tienes que estar en la universidad a las ocho de la mañana. 2. Te despiertas a las seis y media. 3. Después de bañarte, afeitarte y vestirte, desayunas. 4. Te sientas allí y estudias. 5. Sales para la universidad a las siete y media. 6. No llegas tarde porque tu profesor de matemáticas es muy estricto. 7. Tienes clases toda la mañana. 8. Por la tarde vas a la biblioteca a estudiar. 9. A veces te duermes leyendo algunos de tus libros. 10. Vuelves a casa a las cinco. 11. Te desvistes, te quitas los zapatos y duermes un rato. 12. Cocinas algo para la cena, estudias o haces tu tarea y luego miras las noticias. 13. Te acuestas a las once y media. 14. Vas a un club con tus amigos porque a Uds. les gusta mucho bailar.

Lección 10

A. 1. fácilmente 2. rápidamente 3. lenta y claramente 4. horriblemente 5. felizmente

B. 1. –, prestaba, prestabas, prestaba, prestábamos, prestaban
2. terminar, –, terminabas, terminaba, terminábamos, terminaban
3. devolver, devolvía, –, devolvía, devolvíamos, devolvían
4. nadar, nadaba, nadabas, –, nadábamos, nadaban
5. leer, leía, leías, leía, –, leían
6. salir, salía, salías, salía, salíamos, –

C. 1. eras / ibas / veías 2. era / iba / veía
3. éramos / íbamos / veíamos 4. eran / iban /
veían

D. éramos / vivíamos / íbamos / gustaba / nos
divertíamos / nos aburríamos / vivían / veíamos /
visitábamos / comíamos / cocinaba / viajaba /
traía / volvía

E. 1. fui 2. iba, vi 3. estuvo 4. estaba
5. fui 6. iba 7. dijo, necesitaba 8. Eran,
llegó

F. era, vivía, íbamos, decidieron, sabía, dijo, era,
aprendí, me divertí, fuimos, estuvimos

G. 1. conocimos 2. conocía 3. supieron
4. sabías 5. quiso 6. quería

H. 1. —Nosotros vamos a acampar cerca del
lago. / —¿Van a nadar? / —Sí, pienso llevar mi
traje de baño.
2. —Nosotros nos divertíamos cuando éramos
niños. / —Sí, íbamos de vacaciones a la playa y
a las montañas. / Íbamos de pesca (a pescar)
todos los fines de semana.
3. —¿Ella no sabía que David era casado? /
—No (ella) lo supo anoche cuando conoció a
su esposa.
4. —(Yo) no vine a clase porque tuve que
trabajar. / —Yo no pude venir tampoco. Estuve
en el hospital toda la tarde. / —¿Qué le dijiste
al profesor (a la profesora)? / —Le dije que mi
abuela estaba enferma.

I. *Horizontal:* 2. océano 4. salvavidas
7. quedarse 8. sentado 9. horrible
10. desierto 12. maletas 15. castigo
19. traje 20. aburrirse 21. campo
22. trucha 24. sur 26. lago 27. planear
28. ojo 30. enseñar 31. acuerdo
33. montar 34. río

Vertical: 1. hospedarse 3. chileno
5. alquilamos 6. bicicleta 11. turísticos
13. libre 14. piscina 16. instructor
17. campaña 18. pescar 23. bromear
25. rápidamente 29. nadamos 32. oeste

J. 1. Sí, creo que a estas personas les gustan las
actividades al aire libre. 2. No, quiere
montar a caballo. 3. Va a necesitar un rifle
para ir a cazar. 4. No pueden ponerse de
acuerdo. 5. No le gusta ir de pesca.
6. Prefiere ir a la playa (tomar el sol).
7. Prefiere acampar. 8. Van a necesitar una
tienda de campaña. 9. Creo que le gusta
esquiar. 10. Creo que se va a divertir.
11. Creo que van a pasar sus vacaciones en
Arizona. 12. No, van a ir a una cabaña.

Lección 11

A. 1. Hace cuatro horas que ellos llegaron.
2. Hace seis años que Jorge empezó a trabajar.
3. Hace cuatro días que mis hijos vinieron.
4. Hace quince minutos que Teresa me llamó.
5. Hace un mes que nosotros volvimos de
Lima.

B. 2. estudie, estudies, estudie, estudiemos,
estudien 4. beba, bebas, beba, bebamos,
beban 6. reciba, recibas, reciba, recibamos,
reciban 7. –, hagas, haga, hagamos, hagan
8. diga, –, diga, digamos, digan 9. entienda,
entiendas, –, entendamos, entiendan
10. vuelva, vuelvas, vuelva, –, vuelvan
11. sugiera, sugieras, sugiera, sugiramos,–
12. duerma, duermas, duerma, –, duerman
13. mienta, mientas, mienta, mintamos, –
14. –, busques, busque, busquemos, busquen
15. pesque, pesques, pesque, pesquemos,
pesquen 16. dé, –, dé, demos, den 17. esté,
estés, –, estemos, estén 18. vaya, vayas, vaya,
–, vayan 19. sea, seas, sea, seamos, –
20. –, sepas, sepa, sepamos, sepan

C. 2. Yo quiero que – aprendas. 3. – quieres
que él salga. 4. Ella quiere que nosotros –.
5. Nosotros queremos que – venga.
6. – quieren que ellos entiendan. 7. Ellos
quieren que – recuerden. 8. – quieren que
nosotros estudiemos. 9. Ellos quieren que
nosotros –. 10. – quiere que nosotros
mintamos. 11. Yo quiero que – camines.
12. Ellos quieren que – esperen. 13. Ella
quiere que él trabaje. 14. Nosotros queremos
que ellos vayan.

D. 1. él firme la carta? 2. nosotros le demos el cheque. 3. tú tengas que pagar en efectivo. 4. vaya al Banco Nacional. 5. ellos dejen el rollo de película para revelarlo. 6. yo llene la solicitud. 7. se quede en la cama hasta tarde. 8. nosotros estacionemos la motocicleta frente al banco. 9. yo recoja los pantalones? 10. ella pague al contado. 11. el saldo sea de más de quinientos dólares. 12. ellos no lo sepan. 13. Adela esté enferma. 14. estudien español. 15. venga temprano.

E. 1. —Espero que tengas tu talonario de cheques, Marta. / —No, no la traje. ¡Espero que tú tengas dinero! 2. —Mi mamá no quiere que yo solicite un préstamo. / —Tiene razón... 3. No puedo pagar el coche (carro/automóvil) al contado. / —(Yo) le sugiero que lo compre a plazos, Srta. Vega. 4. —¿Qué quiere ella que (tú) hagas, Anita? / —Quiere que haga algunas diligencias. 5. —¿Cuánto tiempo hace que Ud. trajo este rollo de película, señorita? / —Hace dos semanas que lo traje. ¡Quiero que lo revele(n) hoy!

F. *Horizontal:* 4. chequera 6. sentir 8. único 11. alegrarse 12. pantalones 15. quedarse 17. corriente 19. pobre 20. saldo 21. ojalá 22. película 23. despertador 25. manera 26. caminar 27. estacionar

Vertical: 1. préstamo 2. gratis 3. fechar 5. gritan 7. temer 9. tintorería 10. depositar 13. contado 14. ahorros 16. diligencia 18. parecerse 24. policía 25. motocicleta

G. 1. El despertador suena a las nueve. 2. Creo que quiere quedarse en la cama hasta tarde. 3. Olga quiere que Susana se levante. 4. Va a ir al banco y a la tintorería. 5. Va a depositar doscientos dólares en su cuenta de ahorros. 6. Quiere que Celia vaya con él. 7. Sí, Celia está lista para salir. 8. Creo que va a pedir un préstamo, porque necesita dinero. 9. Quiere el dinero para comprar un coche (carro/automóvil). 10. Van a ir al banco en motocicleta.

Para leer 1. Se despierta a las siete. 2. No, la despierta el despertador. 3. Tiene que levantarse temprano porque tiene que hacer muchas diligencias. 4. Quiere que vaya a la tintorería. 5. Tiene que llevar un abrigo y un pantalón. 6. No, no es hija única. 7. Su hermano quiere ir al gimnasio. 8. Quiere que vaya con ella al banco. 9. Va a pedir un préstamo para comprar un coche. 10. Carla teme que el banco no le preste dinero a su hermana. 11. Tiene que llenar una solicitud. 12. No, saca dinero del cajero automático. 13. No, no tenía una cuenta de ahorros.

Lección 12

A. 2. camine, caminen 4. beba, beban 6. suba, suban 8. haga, hagan 10. esté, estén 12. comience, comiencen 13. pida, pidan 14. cuente, cuenten 15. –, vayan 16. sea, –

B. 1. Envíalas hoy. 2. No los saquen ahora. 3. Llámenos más tarde. 4. Déjenmela en la oficina de correos. 5. No se los dé a él. 6. Díganselo a sus padres. 7. No se preocupe por eso. 8. Tráiganmelo mañana. 9. Levántense más temprano. 10. No se ponga el abrigo. 11. No se queden en casa. 12. Mándeles un fax.

C. 1. que 2. que 3. quienes 4. que 5. quien 6. que

D. 1. están 2. queda 3. mande 4. llegan 5. esté 6. es 7. seamos 8. consigan 9. tengamos 10. venga 11. es 12. necesitamos

E. 1. Se abre a las diez. 2. Se sale por aquella puerta. 3. Se cierran a las tres. 4. Se habla portugués. 5. Se dice "semáforo".

F. 1. el semáforo 2. el hotel 3. la esquina 4. la cuadra 5. el buzón 6. el correo 7. el metro 8. el edificio 9. la estación 10. el parque 11. el carro

G. 1. —Creo que ella tiene los giros postales. / —No, yo no creo que los tenga. 2. —Él dice que yo necesito pasaporte y visa para viajar a España. / —Es verdad que necesita(s) pasaporte, pero no es verdad que necesite(s) visa. 3. —Podemos tomar el metro. / —Dudo que haya (un) metro en esta ciudad. 4. —¿A qué hora se abre la oficina de correos? / —Se abre a las nueve y se cierra a las cinco de la tarde. 5. —Traiga los paquetes mañana, pero no se los dé a mi secretaria; déjelos en mi escritorio. / —¿Quiere que traiga las estampillas (los sellos) también? / —Sí, tráigalos, por favor. 6. —¿Dónde está el hombre que trajo el correo? / —Abajo.

H. *Horizontal:* 1. correos 3. abierto 5. edificio 7. paquete 8. bajar 9. antiguo 11. estampilla 14. derecho 16. buzón 17. postal 18. puntual 19. vía 21. casillero 22. certificadas 24. dudamos 25. parque 26. cruzar 27. parado

Vertical: 2. esquina 4. extranjero 6. identificación 10. ventanilla 12. arriba 13. montón 15. semáforo 18. palacio 20. mismo 23. subterráneo

I. 1. Va a enviarle (mandarle) un giro postal. 2. Va a enviar un paquete. 3. Se lo va a enviar a Luis. 4. Venden estampillas en la ventanilla número dos. 5. Va a mandar dos cartas. 6. Va a enviarlas por vía aérea. 7. No, no quiere mandarlas (no las quiere mandar) certificadas. 8. Sí, creo que está enojada. 9. No, no es puntual. 10. No, para Oscar no es importante ser puntual.

Lección 13

A. 1. habla / no hables 2. come / no comas 3. escribe / no escribas 4. hazlo / no lo hagas 5. ven / no vengas 6. báñate / no te bañes 7. aféitate / no te afeites 8. duérmete / no te duermas 9. póntelo / no te lo pongas 10. ve / no vayas 11. sé / no seas 12. véndemelo / no me lo vendas 13. levántate / no te levantes 14. ten / no tengas 15. sal / no salgas 16. díselo / no se lo digas

B. 1. Ve con Aurora. 2. Cómprales un refrigerador. 3. Tráeme una lámpara. 4. Dáselas a Elena. 5. No, no se las des a José. 6. Pruébate el vestido amarillo. 7. Ponte el abrigo verde. 8. No, no vayas ahora. 9. No, no las pongas en la cama. 10. No, no se lo digas a Rita. 11. Haz pollo. 12. Ven a las siete.

C. 1. ¿Cuál es su (tu) apellido? 2. ¿Cuál es su (tu) número de teléfono? 3. ¿Qué es la sangría? 4. ¿Qué es una enchilada? 5. ¿Cuál es su (tu) dirección? 6. ¿Cuál es su (tu) número de seguro social?

D. 1. Vamos a un restaurante donde sirven comidas mexicanas. 2. ¿Hay algún restaurante donde sirvan comidas mexicanas? 3. Tengo una empleada que habla inglés. 4. Necesito una empleada que hable inglés. 5. Tengo una amiga que es de España. 6. No conozco a nadie que sea de España. 7. Hay un señor que quiere comprarlo. 8. No hay nadie que quiera comprarlo.

E. 1. – sea colombiano. 2. – una casa que tenga garaje para tres coches. 3. – apartamento que esté amueblado. 4. – quiera vivir en ese barrio. 5. – pueden estudiar y trabajar al mismo tiempo. 6. – pueda arreglar el aire acondicionado 7. – ganan más de 50.000 dólares al año. 8. – pueda trabajar tiempo completo. 9. – tiene un jardín grande. 10. – barato que quede en la calle San Martín.

F. 1. —Necesitamos una casa que tenga cuatro dormitorios (recámaras). / No creo que puedan encontrar una por menos de ciento sesenta mil dólares. 2. —Ven aquí, Ester. Hazme un favor. Tráeme una almohada y una frazada (manta/cobija). / —No puedo. Estoy ocupada. Dile a David que te las traiga. 3. —Dime, Ramiro. ¿Cuál es tu dirección? / —Calle Maceo, número 385. Anótala. 4. —¿Sabe(s) dónde puedo comprar una casa que sea grande, cómoda y barata? / —Sí, pero no en este barrio. 5. —¿Hay alguien aquí que hable español? / —Sí, hay dos chicas (muchachas) que hablan español. 6. —Busco un apartamento que no sea muy caro. / —Nosotros vivimos en un apartamento que no es caro y que está en un buen barrio.

G. *Horizontal:* 2. alquiler 5. cocina
7. refrigerador 10. calefacción 12. salón
13. dormitorio 14. butaca 15. fregadero
16. aguafiestas 19. realista 20. mudarse
21. colombiano 23. Vámonos 24. sábanas

Vertical: 1. colchón 3. cafetera 4. salario
5. completo 6. tiempo 8. funda
9. acondicionado 10. cortinas
11. comedor 15. frazada 17. amueblado
18. pesimista 22. garaje

H. 1. Están en el salón de estar. 2. Hay un sofá
y una butaca (un sillón). 3. Tiene aire
acondicionado. 4. Hay cortinas en la
ventana. 5. Busca un barrio elegante.
6. Quiere que tenga cinco dormitorios.
7. A menos que ganen la lotería. 8. Quiere
una casa que no sea cara. 9. No, no trabaja
medio día. 10. No, no tomó una decisión.
11. Va a llamar a su mamá.

Para leer 1. Creo que es mejor que compren la
casa porque tiene cinco dormitorios. 2. La
ventaja es que la casa tiene una cocina grande.
3. Necesita una casa que tenga garaje para tres
coches. 4. La ventaja es que está situado
cerca del centro. 5. Creo que van a mudarse
a la casa. 6. Creo que ellos quieren que sus
padres compren la casa porque tiene piscina.
7. Sí, creo que ellos quieren alquilar el
apartamento porque está amueblado y tiene
garaje. 8. Otra ventaja es que el precio
incluye la electricidad y el agua.

Lección 14

A. 1. lleguemos 2. llega 3. vuelva 4. llame
5. diga 6. dio 7. termines 8. pedí
9. vengan 10. termino

B. 1. prepare / hagas 2. me lleven / me dé
3. venga / pueda / vengan 4. se diviertan /
se den 5. te pongas

C. 1. sino 2. pero 3. sino 4. pero 5. sino
6. sino

D. 1. Sí, comamos ahora. 2. Sí, salgamos ahora.
3. Sí, escribámoslo ahora. 4. Sí, sentémonos
ahora. 5. Sí, comprémoslos ahora. 6. Sí,
vistámonos ahora. 7. Sí, visitémosla ahora.
8. Sí, digámoselo ahora. 9. Sí, hagámoslo
ahora. 10. Sí, cenemos ahora.

E. 1. ve / compra / Trae / Dile / dale 2. ven /
hazme / Pon / la dejes / Dígame / Prepara / le
pongas 3. vayamos / Vamos / acostémonos /
salgamos / llamémosla 4. hágame / Tráigame /
póngala / se los dé / déselos / llame / dígale /
vayan / vuelvan

F. 1. los huevos 2. el helado 3. los camarones
4. el apio 5. la carne 6. la sopa 7. la
manzana 8. la lechuga 9. la torta 10. el
melón 11. la naranja 12. el tomate
13. el repollo 14. la salsa 15. el arroz
16. el cordero 17. las fresas 18. la
margarina 19. la toronja 20. la sandía
21. la mantequilla 22. el azúcar 23. el
melocotón 24. el pan 25. el pescado
26. la cebolla 27. la piña 28. el vinagre
29. el pavo 30. la pera 31. zanahoria
32. langosta

G. 1. —Anita, vamos al cine esta noche. / —No,
no vayamos al cine. Vamos a un concierto.
2. —Llevemos a Paquito al zoológico... / —No
tengo ganas de ir al zoológico hoy. ¿Por qué no
lo llevamos al parque de diversiones? / —No
sé... / ¡Quedémonos en casa! 3. —Tan pronto
como (En cuanto) terminemos el trabajo,
almorcemos. / —Está bien. ¡Yo invito!
4. —¿Ud. va a hacer las compras, Sra.
Ramírez? / —Sí. Bueno,... ahora que lo pienso,
(yo) no puedo ir a menos que Ana se quede con
los niños. 5. —¿Me trajiste una piña, Juanita?
/ —No, no te traje una piña sino una sandía.

H. *Horizontal:* 2. prisa 3. rusa 4. vinagre
6. repollo 9. higiénico 10. zanahoria
13. drama 14. supermercado 19. pomelo
20. azúcar 23. manzana 24. feriado
25. zoológico 26. ganas 28. premio

Vertical: 1. diversiones 4. verduras
5. toronja 7. cola 8. cita 11. tomate
12. mantequilla 13. docena 15. perro
16. naranja 17. apio 18. película
21. sandía 22. durazno 27. pera

I. 1. No, no creo que Sergio y Claudia trabajen hoy, porque es feriado. 2. No está abierto el domingo. 3. Se cierra a las diez de la noche. 4. Creo que va a preparar comida italiana, porque quiere comprar salsa de tomate. 5. Va a comprar uvas y peras. 6. Necesita zanahorias. 7. No, no creo que necesite ponerse a dieta. 8. Va a preparar una cena especial para Marcelo. 9. Quiere ir al cine. 10. Creo que tiene ganas de ir a bailar.

Lección 15

A. 1. traído 2. cubierto 3. hecho 4. abierto 5. usado 6. dicho 7. escrito 8. comido 9. vuelto 10. muerto 11. envuelto 12. roto 13. ido 14. cambiado 15. visto 16. recibido 17. leído 18. puesto

B. 1. El sofá está cubierto. 2. Los niños están dormidos. 3. La puerta está abierta. 4. Los libros están cerrados. 5. La carta está escrita en español. 6. La ventana está rota. 7. Los hombres están parados en la esquina. 8. La mujer está sentada. 9. El baño está ocupado.

C. 1. Hemos ido de compras. / Habíamos ido de compras. 2. He comprado la chaqueta. / Había comprado la chaqueta. 3. Lo han puesto en el ropero. / Lo habían puesto en el ropero. 4. ¿Has comido algo? / ¿Habías comido algo? 5. Se ha quedado en la planta baja. / Se había quedado en la planta baja. 6. Hemos salido al mismo tiempo. / Habíamos salido al mismo tiempo. 7. Han abierto el probador. / Habían abierto el probador. 8. Me has dicho que sí. / Me habías dicho que sí.

D. 1. hilo 2. suéter 3. ganga 4. par 5. usar 6. almacén 7. combina 8. vestido 9. armario 10. departamento 11. bota 12. camisa 13. blusa 14. cartera 15. ancho 16. cambio

Sentence: He aprendido mucho.

E. 1. —¿Vas a comprar la cartera roja (el bolso rojo), Marta? / —Sí, porque hace juego (combina) con mis sandalias. 2. —Dime, Anita. ¿Dónde has puesto tu billetera (cartera)? / —La he puesto en mi cartera (bolso, bolsa). 3. —¿Olga cambió las botas que (tú) le habías comprado, Paquito? / —Sí, porque le quedaban chicas. 4. —Anita, ¿dónde has estado? / —En la zapatería. / —¿Quieres comer algo? / —Sí, porque estoy muerta de hambre. / 5. —¿Vas a ir de compras Rosa? / —Sí, porque no tengo nada que ponerme. 6. —¿Estaban abiertas las tiendas? / —No, estaban cerradas.

F. *Horizontal:* 3. quedarle 5. noche 7. puesto 9. calcetines 11. ropero 14. chaqueta 16. zapatería 17. ponerme 20. liquidación 22. mediana 24. interior 25. corbata 26. sandalias 27. mecánica

Vertical: 1. juego 2. traje 4. encontrarse 6. aprietan 8. medida 10. probador 12. planta 13. guantes 14. caballeros 15. falda 17. pantimedias 18. dependiente 19. billetera 21. armario 23. camisón

G. 1. No tiene nada que ponerse. 2. Quiere comprar un traje. 3. Sí, creo que hoy hay una liquidación. 4. Creo que no los va a comprar porque le van a quedar chicos. 5. Ha comprado un par de botas. 6. Se va a encontrar con Carmen. 7. Ha comprado una camisa, una corbata y un par de calcetines. 8. Ha comprado una falda, una blusa y un par de guantes. 9. Julia usa talla nueve. 10. Ha ido al departamento de ropa para caballeros y al departamento de ropas para señoras.

Para leer 1. Les mandó la cinta el mes pasado. 2. Sí, se mudaron durante un fin de semana. 3. No, no tenía todos los muebles que necesitaban. 4. No, no terminó sus estudios. Lo sé porque todavía no se ha graduado. 5. Fue porque tenían una gran liquidación. 6. Sí, viven todavía. Lo sé porque José Luis compró regalos para ellos. 7. Creo que Anita y Jorge son los hermanos de José Luis. 8. No, no va a pasar la Navidad en Córdoba porque unos tíos que viven en Rosario lo invitaron. 9. No, todavía no ha encontrado a nadie. 10. Quiere que le escriba o lo llame por teléfono.

Lección 16

A. 1. sacaré, sacarás, sacará, sacaremos, sacarán
2. –, dirás, dirá, diremos, dirán   3. haré, –,
hará, haremos, harán   4. querré, querrás, –,
querremos, querrán   5. sabré, sabrás, sabrá,
–, sabrán   6. podré, podrás, podrá, podremos, –
7. –, cabrás, cabrá, cabremos, cabrán
8. pondré, –, pondrá, pondremos, pondrán
9. vendré, vendrás, –, vendremos, vendrán
10. tendré, tendrás, tendrá, –, tendrán
11. saldré, saldrás, saldrá, saldremos, –
12. –, valdrás, valdrá, valdremos, valdrán
13. iré, –, irá, iremos, irán   14. seré, serás, –,
seremos, serán

B. 1. Hablaré con él mañana.   2. La solicitará la
semana próxima.   3. La sabré esta noche.
4. (Él) podrá venir esta tarde.   5. Lo pondré
en su escritorio.   6. Vendré con David.
7. Traeremos una calculadora.   8. (Uds.)
tendrán que matricularse.   9. Nos
graduaremos en junio.   10. Saldremos a
las seis.

C. 1. Dijeron que irían.   2. Ud. dijo (Tú dijiste)
que lo haría (harías).   3. Yo dije que saldría.
4. Uds. dijeron que jugarían aquí.   5. Dijimos
que lo pondríamos allí.   6. Dijo que
estudiaría periodismo.   7. Dije que no diría
nada.   8. Dije que tendría que mantener un
buen promedio.   9. Dijimos que ellos no
cabrían.   10. Dijo que aprobaría el examen.

D. 1. me levantaría / me acostaría / Iría /
estudiaría / Saldría / pasaría   2. trabajarían /
se divertirían / Tendrían / harían
3. ahorraríamos / podríamos

E. 1. Sí, ya los habremos tomado para el semestre
próximo.   2. Sí, ya lo habrán tomado para
octubre.   3. Sí, ya los habrán terminado para
marzo.   4. Sí, ya lo habré entregado para el
lunes.   5. Sí, ya lo habré decidido para el
semestre próximo.   6. Sí, ya la abremos hecho
para abril.   7. Sí, ya se habrán terminado
para mayo.   8. Sí, ya me habré graduado para
junio.

F. 2. – habrías caminado.   3. Él habría –.
4. – habría trabajado.   5. Nosotros – ganado.
6. Yo habría –.   7. Ellos habrían –.   8. Yo –
bailado.   9. – habrías llamado.   10. Él –
escrito.   11. – habría conducido (manejado).
12. Nosotros – comido.   13. Ellos habrían
vuelto.

G. 1. habría tomado   2. habrías solicitado
3. habría jugado   4. habría aprendido
5. habría estudiado   6. habríamos ido
7. habrían gastado   8. habría mantenido

H. 1. está / encuentro / sé / pones / puedes / tengo
2. fuiste / pude / tuve / hiciste / trabajé / volví
3. iban / estaban / éramos / veíamos / prefería
4. harás / Irás / podré / tendré   5. tomaría /
Esperaría / tendría / sería   6. has estado / He
estado / han venido / han hecho / hemos hecho
7. habían venido / había llamado   8. me
habré graduado / habrán terminado / habremos
empezado   9. habría tomado / habríamos
tomado / habrían hecho / habríamos tomado

I. 1. —¿No vas a ir al partido con tus padres,
Anita? / —No, porque yo llego a casa a las seis
y para entonces ellos ya habrán salido (se
habrán ido).   2. —Saqué una "D" en
química. / —De haber seguido mis consejos,
habrías sacado una buena nota.   3. —Voy a
tomar (Tomaré) contabilidad. / —Yo tomaría
administración de empresas.   4. —¿Tendrás
un buen horario? / —No, tendré que tomar
clases por la mañana y por la tarde. No podré
trabajar.

J. *Horizontal:* 2. química   5. consejero
6. requisito   8. ingeniería   11. literatura
14. aprobar   15. asignatura   16. beca
17. especialización   20. promedio
21. investigación   22. partido   23. facultad
25. negocios

Vertical: 1. sociología   3. semestre
4. nota   7. latinoamericano   9. empresas
10. horario   12. informe   13. matemáticas
17. examen   18. calculadora
19. matricularse   20. periodismo
24. deporte

K. 1. Teme recibir una "F".   2. No, no cree que Andrés quede suspendido.   3. Espera que estudie administración de empresas.
4. Quiere estudiar periodismo.   5. Cree que Lola se habrá graduado.   6. Lola viajará (irá) a Europa.   7. Jorge cree que sacará una "B".
8. No, no creo que le guste la literatura.
9. No, no creo que estudie mucho.
10. Tendrá que mantener un promedio de "A".   11. Creo que estudiará, porque mañana tiene un examen parcial.

Lección 17

A. 1. Ellos se encuentran.   2. Nosotros nos hablamos.   3. Uds. se quieren.   4. Ana y Juan se escriben.

B. 2. recetara, recetaras, –, recetáramos, –
3. cerrara, –, cerrara, –, cerraran   4. volviera, volvieras, –, volviéramos, –   5. pidiera, pidieras, pidiera, pidiéramos,–
6. –, consiguieras, consiguiera, consiguiéramos, consiguieran   7. tuviera, tuvieras, –, tuviéramos, tuvieran   8. pudiera, pudieras, pudiera, –, pudieran   9. hiciera, –, hiciera, hiciéramos, –   10. –, vinieras, –, viniéramos, vinieran   11. trajera, trajeras, trajera, –, trajeran   12. pusiera, –, pusiera, pusiéramos, pusieran   13. –, dijeras, dijera, dijéramos, –
14. fuera, –, fuera, –, fueran   15. diera, dieras, –, diéramos, dieran   16. quisiera, –, quisiera, quisiéramos, quisieran   17. supiera, supieras, –, supiéramos, supieran

C. 1. Quería que tú fueras al médico.   2. Prefería que compraras la penicilina.   3. Te sugerí que llamaras a Rodolfo para que fuera contigo al hospital.   4. Dudaba que nosotros pudiéramos ir con ustedes a la sala de emergencia.   5. Era necesario que trajeran las radiografías.   6. ¿Había alguna farmacia que quedara cerca y que estuviera abierta hasta las diez?   7. No creí que hubiera nadie que pudiera ponerte una inyección.
8. Necesitábamos a alguien que pudiera llevarlo a la sala de rayos X.   9. Sentí que ella tuviera gripe.   10. Te rogué que los llamaras y les dijeras que vinieran el sábado.

D. 1. Me dijo que tomara las pastillas tres veces al día.   2. Le dijo a la enfermera que vendara y desinfectara la herida.   3. Te dijo que trajeras las radiografías.   4. Nos dijo que volviéramos a su consultorio a la una.   5. Les dijo que empezaran a tomar la medicina hoy mismo.   6. Les dijo que llevaran las recetas a la farmacia.   7. Le dijo que le pusieran una inyección al niño.   8. Le dijo que le diera las aspirinas al enfermo.

E. a / a / a / a / con / en / a / con / con / a / de / en

F. 1. la cabeza (el pelo)   2. el ojo   3. la nariz
4. los dientes   5. la lengua   6. la boca
7. la oreja   8. el oído

G. 1. enfermero (a)   2. alérgico (a)   3. corté
4. limpiar   5. herida   6. ambulancia
7. penicilina   8. médico   9. accidente
10. sala   11. ojos   12. rayos   13. dolor

Proverbio: El tiempo es oro.

H. 1. —¿Ella tuvo un accidente? / —Sí, y no había nadie que pudiera llevarla al hospital. Tuvimos que llamar una ambulancia.   2. —Tengo dolor de estómago. / —¿Está(s) enferma? / —No, pero creo que estoy embarazada.
3. —César se enamoró de una enfermera. / —¿Dónde se conocieron? / —En el hospital.
4. —¿Te acordaste de traer las pastillas, Rosita? / —No, pero le pedí a Ángela que las trajera.   5. —¿Cómo se siente, señorita? / —Me duelen mucho el pecho, la espalda y el cuello. / —¿Vio al médico? / —Sí, fui a su consultorio esta mañana y me dijo que tomara esta medicina.   6. —¿Cuándo fue la última vez que te pusieron una inyección antitetánica, Paquito? / —El año pasado, cuando me corté el dedo del pie.

I. *Horizontal:* 2. aspirina   4. última
6. lengua   8. consultorio   9. ojos
11. temperatura   14. inyección
16. emergencia   17. dientes   19. rodilla
20. receta   21. embarazada

Vertical: 1. rayos   2. ambulancia
3. cabello   5. mismo   7. enfermera
10. quebrarse   12. antibiótico   13. tobillo
15. nariz   18. garganta

J. 1. Le duele la cabeza.   2. Tomó seis aspirinas.
3. No, no se siente mejor.   4. Se cortó el pie.
5. Le van a tener que poner (Van a tener que
ponerle) una inyección (antitetánica).
6. Hace tres años.   7. Lo trajeron en una
ambulancia.   8. Lo llevan a la sala de rayos
X.   9. No, no se siente bien.   10. Sí, está
embarazada.   11. Es alérgica a la penicilina.

Para leer   1. Se levantó a las ocho.   2. Su
profesor de psicología le dijo que estudiara
más.   3. Porque se cayó en la escalera y le
dolía mucho la pierna.   4. Le pusieron una
inyección contra el tétano (antitetánica) y le
vendaron la herida.   5. Llovía a cántaros.
6. Tomaron chocolate caliente, estudiaron un
rato y miraron televisión.   7. Se acostó a las
diez.   8. Eran las diez y cuarto.   9. Porque
le dolía muchísimo la cabeza y no entendía
nada.   10. Durmió mal. (No durmió bien.)
11. Su profesor de matemáticas dio un examen
hoy.   12. Le sugirió que no saliera de su casa.

Lección 18

A. 1. No, pero temo que se haya ido.   2. No,
pero ojalá que se hayan levantado.   3. No,
pero espero que haya venido.   4. No, pero
dudo que lo haya arreglado.   5. No, pero
espero que las hayan conseguido.   6. No,
pero no creo que los hayan arreglado.   7. No,
pero ojalá que haya arrancado.   8. No, pero
dudo que haya vuelto.

B. 2. – que – hubieras ido.   3. – que – hubieran
terminado.   4. Dudaba que ella hubiera –
5. Temía(s) que ella – vuelto.   6. – que ella lo
hubiera hecho.   7. No creí que – hubieras
salido.   8. Sentíamos que – hubieran salido.
9. Esperaba que ella hubiera aprendido.
10. – que Rosa hubiera ido a Costa Rica.
11. – que el carro hubiera arrancado.
12. Ud. no creyó (Tú no creíste) que nosotros
hubiéramos parado.

C. 1. Si tuviera tiempo, jugaría al fútbol.   2. Si
estuviera de vacaciones, nadaría.   3. Si
tuvieran hambre, comerían.   4. Si no tuvieras
que trabajar, dormirías.   5. Si fueran a la
fiesta, bailarían.   6. Si no fuera sábado, él iría
a la escuela.

D. 1. Si el coche está descompuesto, lo
arreglaremos.   2. Si quieren hamburguesas,
irán a McDonald's.   3. Si está enferma, irá al
médico (al hospital).   4. Si tienes el periódico,
lo leerás.   5. Si pasa por aquí, lo tomarán.

E. 1. solicitar / solicites   2. comprar / compre
3. alquilemos / alquilar   4. conseguir /
consigan   5. estén / estar   6. llegar /
lleguemos   7. hacer / haga   8. tengas / tener
9. sepa / sabe   10. enseñan / enseñe
11. sirva / sirve   12. pueda / puede   13. sea /
es   14. termines / terminas   15. necesito /
necesite   16. tenga / tengo   17. lleguen /
llegan   18. quieran / quieren   19. tenga /
tiene   20. salgamos / salimos   21. empieza /
empiece   22. haya puesto / ha puesto
23. hayamos dicho / hemos dicho

F. 1. —¿Ud. tiene que hablar con su mecánico,
Srta. Soto? / —Sí, espero que haya llegado. Le
pedí que viniera a las diez.   2. —El mecánico
(me) sugirió que comprara gomas (llantas)
nuevas. / —Espero que las haya(s) comprado.
3. —No creo que Pedro haya instalado una
nueva bomba de agua en su carro todavía. /
—Si yo fuera él compraría un coche (carro,
automóvil) nuevo. El suyo es demasiado viejo y
no creo que valga la pena.   4. —No creía que
él hubiera revisado (chequeado) el carro. /
—¡Yo le dije que lo hiciera!   5. —Mi carro no
arranca. / —Si yo fuera tú (Ud.), llamaría una
grúa (un remolcador).   6. —Si tiene(s) un
pinchazo, tendrás que cambiar la goma (la
llanta, el neumático). / —(Yo) no tengo un gato
en mi maletero (cajuela).

Answers to Workbook Exercises   **339**

G. *Horizontal:* 2. pinchazo 4. multa
5. pena 6. chapa (placa) 9. bomba
11. descompuesto 12. frenos 13. lleno
15. revisa 16. maletero
17. limpiaparabrisas 22. grúa 23. ahora
25. volante 27. carretera 28. velocidad
30. casados

Vertical: 1. ruido 3. chequear 7. arregló
8. gasolinera 10. camino 14. neumático
18. mecánico 19. acumulador 20. arranca
21. gasolina 24. portaguantes 26. letrero
29. gato

H. 1. Están a cinco kilómetros de Puerto Limón.
2. Sí, Ana cree que José está manejando muy rápido. 3. La velocidad máxima es de 90 kilómetros por hora. 4. Hay una diferencia de treinta kilómetros. 5. Cree que el policía le pondrá (dará) una multa a José. 6. Tendrá que comprar gasolina (llenar el tanque).
7. Piensa que va a ser cara. 8. Tiene un pinchazo. 9. Tendrán que remolcarlo.
10. Preferiría comprar un coche nuevo.

Answers to Laboratory Manual Dictations

Lección preliminar

A. veinticinco / tres / cero / diecinueve / veintidós / ocho / catorce / diecisiete / diez / veintiséis / treinta / quince

B. 1. Buenos días. ¿Cómo está usted? 2. Bien, gracias. ¿Y usted? 3. No muy bien. 4. ¡Caramba! Lo siento. 5. Hola, Ana. ¿Qué hay de nuevo? 6. Nada. 7. Hasta luego. 8. Nos vemos.

Lección 1

A. setenta y cinco / cuarenta y ocho / sesenta y dos / noventa y cuatro / cincuenta y seis / ochenta y tres / cien / setenta y nueve / noventa y siete / sesenta y uno

B. 1. ¿Cómo te llamas? 2. ¿Cuál es tu dirección? 3. ¿Qué quiere decir *"eraser"*? 4. ¿Cómo se dice "pizarra" en inglés? 5. ¿De dónde son los estudiantes? 6. Hasta la vista, profesor.

Lección 2

A. ciento quince / cuatrocientos dieciséis / quinientos sesenta y tres / mil novecientos noventa / setecientos setenta y uno / ochocientos ochenta y seis

B. 1. Ana desea hablar con Raquel. 2. ¿A qué hora regresa Pedro? 3. Hoy estudiamos en casa de Ana. 4. ¿Tú trabajas en el hospital esta noche? 5. Yo también necesito dinero. 6. Mi novio trabaja en la biblioteca.

Lección 3

1. ¿Vives lejos o cerca? 2. ¿A qué hora vienes mañana? 3. Debe tener conocimiento de computadoras. 4. Tiene que llenar la solicitud. 5. Susana lee un anuncio en el periódico. 6. Tenemos un examen de francés el viernes.

Lección 4

1. Susana invita a sus compañeros a la fiesta de fin de año. 2. Susana y sus compañeros van al baile del club. 3. La orquesta es magnífica y todos bailan. 4. Hoy es el cumpleaños de Julio. 5. Él y su novia brindan con champán. 6. A la medianoche todos comen uvas.

Lección 5

1. Laura asiste a la Universidad de Salamanca. 2. Ella vive en una pensión cerca de la universidad. 3. La muchacha echa mucho de menos a su familia, especialmente a su hermano. 4. Este fin de semana va a viajar a Madrid con unos amigos españoles. 5. Ellos prefieren viajar en autobús porque no quieren conducir en Madrid. 6. Laura y sus amigos vuelven a su casa el sábado por la noche.

Lección 6

1. Deseo una lista de hoteles y lugares de interés. 2. La oficina de turismo queda a la izquierda. 3. Hay un autobús que la lleva al centro. 4. Necesito una habitación sencilla con vista a la calle. 5. Hay jabón y toallas en el baño. 6. Sirven el desayuno a las siete y el almuerzo a las doce.

Lección 7

1. Compré el pasaje en una agencia de viajes.
2. Allí conocí a un muchacho muy simpático.
3. Como llevé muchas maletas pagué exceso de equipaje.   4. El avión salió con tres horas de retraso.   5. Mañana te devuelvo la maleta que me prestaste.   6. La próxima vez tenemos que viajar juntas.

Lección 8

1. Hoy es el aniversario de bodas de mis padres.   2. Van a celebrarlo en un restaurante muy elegante.   3. La especialidad del restaurante es lechón asado y arroz con frijoles negros.   4. Después van a ir al teatro.
5. Hoy ponen una comedia muy buena.
6. Papá le da un beso a mamá y le desea un feliz aniversario.

Lección 9

1. Hoy me levanté muy temprano.   2. Me bañé, me lavé la cabeza y me vestí.   3. Fui a la peluquería que está cerca de la farmacia.
4. Me voy hacer un permanente porque me gustan los rizos.   5. Voy a comprar un vestido porque el que tengo no me queda bien.   6. Le voy a preguntar a mi hermano si me consiguió las entradas.

Lección 10

1. Me gustan las actividades al aire libre.
2. Me gusta nadar, montar a caballo y pescar.
3. Compré un traje de baño que me costó un ojo de la cara.   4. Voy a nadar en la piscina del hotel.   5. Marta quiere alquilar una cabaña en las montañas.   6. Vamos a divertirnos mucho en las vacaciones.

Lección 11

1. Rita está en el departamento de fotografía.
2. Pregunta cuánto cuesta revelar un rollo de película.   3. En el banco quiere depositar el dinero en su cuenta de ahorros.   4. Estacioné la motocicleta frente al banco.   5. Me robaron la motocicleta.   6. El próximo martes trece no salgo de casa.

Lección 12

1. Soy extranjero y no conozco las calles.
2. El correo es un edificio antiguo y está frente a la estación del metro.   3. Quiero enviar estas cartas por vía aérea.   4. Vaya a la ventanilla número dos, a la izquierda.
5. Julia camina hacia la Gran Vía.   6. Los españoles a veces somos puntuales.

Lección 13

1. El apartamento está amueblado.
2. La cocina tiene refrigerador y lavaplatos.
3. Vamos a necesitar sábanas y almohadas.
4. No hay nadie que pueda trabajar tiempo completo y estudiar.   5. Siempre estás enojado. Eres un aguafiestas.   6. No podemos pagar el alquiler de este apartamento.

Lección 14

1. Compremos frutas, verduras y una docena de huevos.   2. Necesitamos zanahorias, cebollas y manzanas.   3. Llevemos a los chicos al zoológico por la tarde.   4. Ellos tienen una cita para ir al cine.   5. Ahora están haciendo cola en el cine.   6. Ganó el premio como la mejor película.

Lección 15

1. Elsa ha decidido ir de compras hoy.
2. Hay mucha gente en la tienda porque hay una gran liquidación.   3. La zapatería no está abierta todavía.   4. Estos zapatos hacen juego con mi bolso.   5. ¿Se los envuelvo o va a llevárselos puestos?   6. También voy a comprar unos calcetines y un vestido de noche.

Lección 16

1. A ti te gustan las ciencias.   2. Mi consejero me sugiere que tome biología.   3. Ésa va a ser mi especialización.   4. Entonces puede tomar química y física.   5. Hoy tengo un examen parcial de psicología.   6. Tengo que sacar buenas notas si quiero graduarme.

Lección 17

1. Teresa tuvo un accidente y está en la sala de emergencia.   2. La enfermera va a vendarle y a desinfectarle la herida.   3. El médico le pone una inyección antitetánica.   4. El médico le pregunta a Teresa si está embarazada.   5. Van a llevar a Teresa a la sala de rayos X.   6. El médico va a recetarle una medicina a Teresa.

Lección 18

1. La velocidad máxima es de noventa kilómetros.   2. Tendrá que cambiar el filtro del aceite.   3. ¿Podría revisar el aceite y las llantas?   4. El tanque está casi vacío.
5. Yo compraría un limpiaparabrisas nuevo.
6. Ayer tuve un pinchazo y tuve que comprar neumáticos nuevos.